AF297219

EXTRAIT DES ANNALES DE LA SOCIÉTÉ D'ÉMULATION DES VOSGES
(Tome X. — 1er Cahier. — 1858.)

ESSAI HISTORIQUE

SUR

BEAUFREMONT,

son Château et ses Barons,

Par J.-Ch. CHAPELLIER,

INSTITUTEUR,

Archiviste de la Société d'Émulation des Vosges.

*Mon cœur n'a jamais cessé de battre
au souvenir de mon pays natal.*

ÉPINAL,

DE L'IMPRIMERIE DE VEUVE GLEY.

1859.

ESSAI HISTORIQUE

SUR

BEAUFREMONT,

SON CHATEAU ET SES BARONS,

Par M. CHAPELLIER,

INSTITUTEUR,
Archiviste de la Société d'Émulation des Vosges.

Deuxième partie.

1° COMTES D'ARBERG ET DE VALENGIN.

En terminant la première partie de cet *Essai historique*, nous avons laissé la maison princière de Bauffremont (1) sous la protection d'un noble et vénérable chevalier qui, guidé par un sentiment héréditaire, l'amour de la patrie, prit part aux guerres dont le glorieux récit remplit les annales des premières années de notre siècle, et gagna ses titres d'honneur sur les champs de bataille où la valeur française a acquis sa plus haute renommée de bravoure. L'histoire n'a jamais eu à citer le nom d'un seul membre de cette famille, éloignée de nous depuis quatre siècles, sans que l'écho de ce nom, parvenu au village de ses aïeux, n'ait été accueilli avec sympathie par tous ceux qui l'ont entendu. Nous rappellerons donc encore quelquefois ce nom cher à nos concitoyens.

---

(1) C'est ainsi que cette illustre famille orthographie actuellement son nom.

Mais remontons au quinzième siècle, et voyons d'abord ce que furent les comtes d'Arberg et de Valengin, qui revendiquèrent la possession de la baronnie de Beaufremont, et qui, après avoir obtenu justice, prirent rang parmi la haute noblesse de la Lorraine et du Barrois, puis se dévouèrent, eux et leurs successeurs, au service de princes plus justes et plus reconnaissants à leur égard que ne l'avait été René Ier.

Les comtes d'Arberg étaient une branche cadette des comtes de Neufchâtel. Dès le treizième siècle, ils figurent honorablement dans l'histoire de la Suisse et de la Savoie.

En 1179, Hulderich ou Ulrich, seigneur de Neufchâtel, et Berthe son épouse, connus par leur piété, fondaient l'église collégiale de Neufchâtel. Ils eurent pour fils Rodolphe, Ulrich et Berthold, évêque de Lausanne (1).

Ulrich fut co-seigneur de Neufchâtel avec Rodolphe son frère, puis avec Bertold fils de Rodolphe. Ulrich et son neveu accordèrent aux bourgeois de Neufchâtel des franchises qui furent confirmées par Bertold, évêque de Lausanne.

Vers 1245, les deux oncles et leur neveu firent un partage par lequel Ulrich obtint le comté de Nidau, celui d'Arberg (2), la montagne de Diesse, l'Erguel et la seigneurie de Valengin.

Ulrich eut cinq fils, Rodolphe, Ulrich, Henri, Otton et Bertold. Rodolphe, l'aîné, fut seigneur de Nidau et prit le titre de comte de Neufchâtel qui passa à ses descendants ; Ulrich eut le comté d'Arberg ; Henri, évêque de Bâle, obtint l'Erguel et des terres dans la montagne de Diesse ; Otton fut Prévot de l'église collégiale de Soleure, et Bertold eut la seigneurie de Valengin, dont il devait faire hommage au comte de Neufchâtel.

Bertold n'ayant pas laissé de postérité masculine, la sei-

---

(1) *Dictionnaire de Moreri*, art. Valengin, et *Description de la Suisse*, par Zur-lau-ben.

(2) Arberg ou Aarberg est une ville de Suisse, située dans une île que forme la rivière d'Aar ; elle avait un bien beau château : cette ville fut entièrement brûlée en 1419, et depuis encore en 1447, à la réserve de l'église.

gneurie de Valengin passa à son neveu Ulrich, l'un des fils du comte d'Arberg. En 1250, cet Ulrich, seigneur d'Arberg, donnait à Pierre, comte de Savoie, les châteaux d'Arconciel et d'Irlains, et lui faisait aussi hommage, à la réserve de la fidélité due à l'Empereur, aux évêques de Bâle et de Lausanne.

Il laissa trois fils, Jean, Ulrich et Thiétrich. Jean, l'aîné, qui fut comte d'Arberg et seigneur de Valengin, ne reconnut que malgré lui la suzeraineté de Rodolphe, comte de Neufchâtel ; il soutint contre ce puissant seigneur une guerre qui dura plusieurs années, et ce ne fut qu'après avoir vu dévaster ses possessions qu'il consentit enfin, en 1303, à lui prêter foi et hommage. Il se trouvait en 1291, avec ses gens, à la bataille du Côteau de Tonnerre, où les Bernois, à qui il était allié, vanquirent les Fribourgeois.

Girard, fils et successeur de Jean d'Arberg, fit aussi hommage à Rodolphe, qui lui augmenta son fief du bourg et des habitants de Valengin, ce qui montre que ce bourg n'appartenait pas auparavant aux seigneurs de Valengin (1).

Jean II d'Arberg, fils de Girard d'Arberg, donna des franchises aux habitants de Valengin. Il fit hommage pour cette seigneurie à Jean, comte de Neufchâtel, en 1349, et ensuite à Louis, comte de Neufchâtel, puis, en 1373, à Isabelle, fille de Louis. Il avait épousé Mahaut, fille de Thiébaut V, seigneur de Neufchâtel en Bourgogne. De ce mariage naquit Guillaume

---

(1) Par un partage qui aurait été fait vers le milieu du XIVe siècle, le comté d'Arberg fut séparé de la seigneurie de Valengin. A la suite de ce partage, Pierre d'Arberg, qui figura avec une grande distiction à la cour et dans les armées du comte de Savoie, Amé VI, dit le comte *Verd*, serait devenu possesseur du comté d'Arberg. D'après Plantin, auteur d'une *Description de la Suisse*, Pierre, comte d'Arberg, vendit sa souveraineté aux Bernois en 1351, et ses descendants se retirèrent en Autriche où ils bâtirent un château auquel ils donnèrent le nom d'Arberg. Si ce partage exista, le père de Guillaume d'Arberg n'aurait été, comme ses successeurs, que seigneur de Valengin, tout en conservant le titre de comte d'Arberg comme nom de famille.

d'Arberg que nous avons vu, en 1407, épouser Jeanne de Beaufremont.

L'histoire de Savoie nous fournirait d'autres détails intéressants sur les comtes d'Arberg, mais comme il est facile d'en juger par ces quelques notes généalogiques, cette maison, par son origine et par ses alliances, était digne du rang élevé qu'elle allait occuper en s'établissant dans notre pays.

Les armoiries des comtes d'Arberg et de Valengin étaient : de gueules à un pal d'or chargé de trois chevrons de sable.

Guillaume d'Arberg et Jeanne de Beaufremont.

(XVe Siècle.)

Guillaume d'Arberg posséda, comme son père, toute la seigneurie de Valengin. Il en fit hommage d'abord en 1408 à l'évêque de Bâle, du commandement de Conrad de Fribourg, son seigneur; ensuite le 14 juillet 1411, à Conrad lui-même, devenu comte de Neufchâtel (1). Cette seigneurie était fort importante : outre le bourg de Valengin, situé dans un fond entre deux montagnes et commandé par un château bâti sur une éminence, elle comprenait le Val de Rus, où sont plusieurs beaux villages, entr'autres Boudevillers, Coffrane, Fontaine, Cernier, La Neuville, Dombresson, etc.; puis les montagnes dites Noires-Joux, qui, avec un grand nombre de maisons isolées, comptent des agglomérations populeuses telles que la Chaux-de-Fonds, le Locle, la Sagne, les Brenets, etc. (2). Comme on le voit, si Guillaume d'Arberg s'alliait à une famille riche et justement considérée, il était aussi, lui, un seigneur opulent, possesseur d'un bien bel héritage.

Nous ne reviendrons pas sur ce que nous avons déjà dit au sujet du mariage de Jeanne de Beaufremont, cependant, il nous semble bon de rapporter ici quelques passages de l'acte fait à ce sujet :

(1) *Dictionnaire historique de Moreri*, art. Valengin, t. 6, p. 861.
(2) *Ibid.*

Traité de mariage entre Guillaume d'Arberg, seigneur de Valengin, et damoyselle Jehanne de Beffroymont.

« Nous Guillaume d'Arberg, seigneur de Valengin, Jehan de Nuefchastel, seigneur de Montaguy et Fontenoy en Vosges, et ung chacun de nous espécialement, je ledit seigneur de Montagu moy faisant fort de noble dame Anne Mahaut de Nuefchastel, dame dudit Valengin et mère de moy ledit Guillaume d'Arberg, d'une part.

» Augnès de Jonvelle-sur-Saône, femme de noble seigneur messire Phelibert de Boffroymont, frère Pierre de Boffroymont chevalier religieux de l'ordre de Saint-Jehan de Jérusalem, Jehan de Boffroymont chevalier, et damoyselle Jehanne fille desdis seigneur de Boffroymont et sœur dudit messire Jehan de Boffroymont, espécialement nous lesdis Augnès, frère Pierre et Jehan de Boffroymont, et ung chacun de nous seul et pour le tout, nous faisant fort pour ledit seigneur de Boffroymont, d'autre part.

» Scavoir faisons à tous que en traictant et parlant du mariage à advenir qui se puet faire et se fera selon Dieu et saincte Église, entre moy ledit Guillaume d'Arberg, seigneur de Valengin, d'une part, et moy ladite damoyselle Jehanne de Boffroymont, d'autre part, traictié et accordé est entre nous lesdites parties, par le moien de plusieurs à nous amis, en la manière que s'ensuit. C'est assavoir que je ledit seigneur de Valengin, promets panre ladite damoyselle Jehanne à léaul espouse et femme selon Dieu et saincte Église ; et semblablement je ladite damoyselle Jehanne, promets panre ledit seigneur de Valengin à léaul mary et espoux selon Dieu et saincte Église. Et en assurance ledit mariage estre fait et accomplis, et en faveur d'icelly, nous lesdis Agnès, frère Pierre et Jehan de Boffroymont, avons promis et promettons à ladite damoyselle Jehanne, qu'elle aura et emportera de son père, pour son mariage et partaige perpétuel, paternel et maternel, et pour tout le droict qu'elle poroit avoir ou demander ès successions de ses dis père et mère, la somme de quatre mil escus d'or, ou monnoie à la valeur, à paier par ledit seigneur de Boffroymont ou ses hoirs, à ladite damoyselle Jehanne sa fille, ou à ses hoirs, ès termes que s'ensuivent.

« C'est assavoir, mille escus un mois après la feste S'-Martin d'yver prochainement venant, l'an notre seigneur courant mil quatre cens sept. » Un autre paiement de mille écus devait se faire à la même date de l'an 1408, et quatre autres de cinq cents écus chacun, aussi à la même époque les années suivantes, jusqu'en 1412.

» Et on cas que lesdis quatre mille escus ne seroient paiés és termes dessus divisés et déclairés, ledit messire Phelibert, seigneur de Boffroymont ou ses hoirs sont et seront tenus de asscoir et assigner, pour chacun terme, à ladicte damoyselle Jehanne ou à ses hoirs, c'est assavoir, pour les deux mille escus d'or des deux premiers termes, deux cents escus de terre de annuelle et perpétuelle rente » ; et pour chacun des autres termes de cinq cents écus, « cinquante escus de rente annuelle et perpétuelle, pour elle et ses hoirs, tout selon ce et par la manière que l'on a accoustumé asscoir terre en la comté de Bourgongue, en tel cas ; lequel assignal se doit faire et se fera on dit cas, par ledit seigneur de Bouffroymont ou par ses hoirs, les sommes d'or et d'argent sur sa terre qui tient on dit comté de Bourgongue ou au plus près.........Et on cas que ledit seigneur de Bouffroymont ne payerait ou assigneroit à ladicte damoyselle Jehanne ou à ses hoirs la somme de 4,000 escus d'or, ou 400 escus de rente aux termes et par la manière dessus dicte, nous lesdis Agnès, frère Pierre et Jehan de Boffroymont, et ung chacun de nous pour soy et pour le tout, nous sommes obligés et obligeons..... avons promis et jurey par nos sermens.....faire tenir hostaige pour ledit seigneur de Boffroymont, par quatre gentilshommes.....et huict chevaulx en la ville de Jussey ou à Vesoul, en hostellerie..... jusques à ce que les sommes dessus dites soient paiées ou assignées, affectées et rontées, ainsi et par la manière que dessus est dis, ensemble les arriéraiges des termes passés....lesquels paiements se feront au lieu de Jussey ou d'Amance. »

De son côté le seigneur de Valengin donne des garanties pour assurer le remploi de son épouse sur la terre de Valengin ou *au plus près du comté de Bourgongne*, en lieu convenable, puis l'acte continue en ces termes :

« Et avec ce, je ledit seigneur de Valengin, douhe ladite damoy-selle Jehanne, ma femme à advenir, on cas que douhaire auray lieu, de la somme de trois cens escus d'or de rente annuelle, pour elle et sa vie durant seulement, ensemble la moictié de la forteresse dudit Valengin, lesquels trois cens escus de terre et de rente je promets asseoir et assigner à ladite damoyselle Jehanne, ma femme advenir, bien et convenaublement, au reçeu de gens a ce cognoissant, selon ce que l'on a accoustumé asseoir douhaire ou comté de Bourgougne. »

Jeanne de Beaufremont déclare ensuite, du consentement de son futur mari et moyennant l'exécution des promesses faites par ses parents en sa faveur, renoncer à toute prétention au partage de la succession que son père et sa mère laisseront, en réservant toutefois, (comme si elle avait pu prévoir ce qui arriverait), qu'elle devra rentrer dans ses droits à cet égard, elle et ses hoirs, au « cas que Jehan de Boffroymont iroit de vie à trépassement sans laisser hoirs naturels ou légitimes de son corps. »

L'accomplissement de toutes ces conventions matrimoniales fut assuré par les promesses et les engagements de chacune des parties : du seigneur de Valengin et de Jean de Neufchâtel d'abord, puis d'Agnès de Jonvelle, de frère Pierre et de Jean de Beaufremont, qui tous déclaraient avoir juré et jurer par la foi et serment de leurs corps, sur saints Évangiles de Dieu, « de faire accomplir toutes et singulières les chouses dessus dictes, » les parents de Jeanne promettant en outre « de les faire toucher et ratifier, confirmer et agréer par ledit messire Philebert seigneur de Boffroymont, dans les vins jours après la nativitey Notre Seigneur prochainement venant. ». . . . .

. . . .

« En témoingnage desquelles chouses, nous lesdites parties dessus dites, et ung chacun de nous pour soy avons requis et faict mectre le scel duquel l'on use en la court et tabellionnage de la chatellenie de Vesoul, par Mons le duc et comte de Bourgongne, à ces présentes lettres faictes et données le treisième jour du mois de novembre l'an mil quatre cens et sept, receue par messire Wyroiet de Vesoul et messire Jehan Prinet de Jussey, présens tabellions de monseigneur de Bourgongne, et grossoiés par moy Guillaume Layent, venu à Vesoul, tabellion général ou comté de Bourgongne pour et au lieu dudit feu messire Wyroiel par puissanc· à moy sus ordonney.

» Signé : G. Layent de Jussey et scellées d'un scel de cire jausne pendant à doubles queues de parchemin. » (1)

L'histoire, qui ne conserve que bien rarement le souvenir des joies pures que procure une heureuse union, ne nous a rien laissé sur la vie de Guillaume d'Arberg; nous avons donc le droit de penser qu'il goûta en paix les douceurs du foyer domestique, et que sa vie fut tout entière consacrée à sa famille, et aux soins que réclamait de lui le gouvernement de *ses sujets* et l'amélioration de leur sort.

Jean d'Arberg, baron de Beaufremont.

(XVe siècle.)

De l'union de Guillaume d'Arberg avec la fille de Philibert de Beaufremont naquit Jean d'Arberg, 3e du nom, seigneur de Valengin et baron de Beaufremont.

Ce seigneur reprit, en 1450, sur le cimetière de Neufchâtel, de Jean de Fribourg, les fiefs que son père Guillaume avait possédés (2).

Nous savons déjà que Jean d'Arberg ne resta étranger à rien de ce qui intéressait la famille de sa mère. Il eut l'avantage d'étudier le noble métier des armes et d'apprendre les préceptes du véritable honneur sous la direction de son proche parent le comte de Charny, ce preux dont nous avons retracé le caractère; aussi, parut il avec distinction à la cour de Bourgogne où, dans plusieurs tournois, il eut pour frères d'armes les chevaliers les plus renommés de la province. Nous avons vu comment, par suite de la haute

(1) Extrait du *cartulaire* de Lorraine intitulé *Sampigny, Trognon et Bauffremont*, aux archives de la Meurthe. La fin de l'acte est très-confuse.
(2) *Dictionnaire de Moréri*, t. 6, p. 864.

influence dont il jouissait dans son propre pays, il contribua au traité de paix d'Ensisheim, signé en 1444 entre les Suisses et le Dauphin depuis Louis XI. Il était dit, dans ce traité, qu'il y aurait désormais bonne intelligence et ferme amitié entre le roi de France Charles VII, le Dauphin Louis, et les populations des villes et communes de Bâle, Berne, Lucerne, Soleure, Uri, Schwitz, Unterwalden, Zug et Glaris, ainsi qu'avec leurs alliés, nommément le duc de Savoie, les comtes de Neufchâtel et de Valengin (1).

Jean d'Arberg était donc bien connu parmi la haute noblesse, lorsque la certitude que Pierre, seigneur de Beaufremont et de Ruppes, n'aurait pas de successeur direct, lui fit entrevoir qu'un jour il hériterait de la baronnie de ses ancêtres maternels. Mais il apprit de bonne heure aussi qu'il aurait à disputer cette succession à l'injuste ambition du roi de Sicile. Nous avons déjà dit quelle fut sa conduite généreuse pendant les procès suscités à Pierre de Ruppes; après avoir renoncé à faire valoir ses droits sur Beaufremont dans une circonstance malheureuse pour ce seigneur que le duc René Ier voulait déposséder, il déclarait consentir à ce que ce parent possédât sa vie durant la baronnie qu'il aurait pu réclamer comme son propre héritage. Voici comment est analysée dans un manuscrit de la bibliothèque impériale cette concession faite par le comte d'Arberg, le 18 mars 1449 :

« Lettres de Jehan, comte d'Arberg, seigneur de Valengin, contenant que comme son cher et amé frère et cousin messire Pierre de Beffroymont et de Ruppes luy ait baillé ce jour là et transporté la moitié entièrement du Chastel, bourg, ville, terre, seigneurie et appartenances de Beffroymont, à la réserve de la ville de Landaville, près Beffroymont, donnée par ledit de Beffroymont à sa femme, en récompense d'aucunes de ses terres, ainsi qu'il appert par lettres passées sous le scel du tabellionnage de Chastenoy et de Neufchastel, et, pour les causes y contenues, en date de ce jour : il promet et accorde en bonne foy, et sur

<hr>

(1) De Barante, *Histoire de Bourgogne*, t. 7, p. 209.

son honneur, au dit seigneur de Beffroymont, que, nonobstant ledit don, et sans préjudice à iceluy, il veut et consent que ledit seigneur de Beffroymont jouisse, toute sa vie, de toute ladite terre, et en réserve tous les revenus, profits et émoluments, tout ainsi qu'il le faisait avant ledit don, et aussi luy accorde que, s'il lui survenait quelque grande affaire, qu'il fut en danger de prison, ou en grande indigence ou nécessité, il puisse engager, vendre et aliéner partie de la dite terre de Beffroymont, en envoyant premièrement devers ledit de Valengin, pour avoir ayde et secours, et au refus qu'il luy en aurait fait. Consent encore que si ledit de Beffroymont avait enfants qui luy survécussent, ils puissent luy succéder en tous ses biens, et en toute la terre de Beffroymont, sans que ledit de Valengin, ou ses hoirs, y puissent rien prétendre pour cause dudit don. Et au cas que lesdits enfants vinssent à mourir sans enfants, toute la terre de Beffroymont lui reviendroit, ou à ses hoirs. Promet aussi ordonner cette terre à Jehan, son fils, et, à son défaut, à l'un de ses autres enfants, pour en jouir et la posséder entièrement, qu'il sera tenu de porter les armes de Beffroymont, avec celles de Valengin écartelées. Consent, en outre, que la dame de Beffroymont puisse prendre douaire couthumier tant sur ladite terre, que sur celle de Ruppes. Promet, sur sa foy et son honneur, garder et accomplir ledit traité, et passer lettres de pareille substance, sous tel scel qu'il plairoit audit sieur de Beffroymont.

» Fait, le 18 mars 1449,

» Signé VALENGIN.

» Et scellé du sceau de ses armes : un pal chevronné. Le timbre soutenu par deux sauvages. »

Nous ne rappellerons pas ici les disgrâces qu'eut à subir Pierre de Beaufremont (1), nous en avons parlé ailleurs assez longuement, ainsi que de la confiscation et des autres moyens employés par René Ier pour se rendre définitivement maître des possessions d'une famille à laquelle il n'aurait dû té-

(1) Voir première partie.

moigner que de la reconnaissance pour les services dévoués qu'il en avait reçus. D'après ce qui s'était passé, Jean d'Arberg devait nécessairement regarder comme indigne d'un homme de cœur toute transaction semblable à celle qu'acceptait son cousin d'Oiselet. Loin donc d'entrer en arrangement avec le roi René Ier, ce seigneur, d'une loyauté chevaleresque, protesta avec énergie contre l'usurpation dont il était victime et contre la donation faite à Ferry II, comte de Vaudémont.

Il semble cependant que René Ier et son gendre eurent honte de tenir entre leurs mains un bien mal acquis. En effet, le roi de Sicile n'eut pas plutôt prononcé à son profit la confiscation de la baronnie de Beaufremont, qu'il en fit don au comte de Vaudémont, et l'époux d'Yolande d'Anjou en jouissait à peine, lorsque par son testament du 30 août 1470, il en céda la possession à Nicolas son fils puîné. Voici en quels termes il s'exprime dans ce testament :

« Item, et quant à Nicolas, mon fils puisné, je veux et ordonne qu'il ait et emporte pour toute la part et portion qu'il pourrait demander et avoir ores ne pour le temps avenir, en toute ma succession universelle, ce qui s'ensuit ; et premier, le chastel, ville et baronnie de Joinville-sur-Marne, avec la sénéchaussée héréditable de Champagne ; et le chastel et seigneurie de Montier-sur-Saulx, que de tous temps sont joints à icelle baronnie de Joinville. Item, le chastel, ville, terre et seigneurie de Doulevant ; la forte maison, terre et seigneurie d'Esclaron ; le chastel, ville, terre et seigneurie d'Ancerville ; le chastel, ville, terre et seigneurie de Beffroymont ; la ville et seigneurie de Trois fontaines ; ensemble et avec ce tous les acquets que j'ay faits, tant aux enfants de Sorbey, à Christophe de Giz et autres ; pour d'iceux chasteaux, baronies, villes, terres et seigneuries, et leurs appartenances, en tous proufits, fiefs, reliefs, honneurs, revenus, prérogatives et prééminences, en jouyr comme de tout héritage à luy venu en ligne directe ; c'est assçavoir, de laditte terre et baronnie de Joinville et ses appartenances, dès incontinent après mon trépas, et des autres terres venues de mon acquet, après le trépas de maditte compagne et épouse sa mère.... Je désire que ces baronnies et seigneuries cy--

devant déclarées demeurent entières et sans être demembrées comme autrefois par le passé aucunes d'icelles ont estez, etc. (1). »

En prenant possession de cette part dans la succession de son père, mort vers la fin de l'année 1470, Nicolas de Vaudémont était tenu de ne formuler aucune autre prétention sur cette succession ; et de même le prince René, son frère aîné, devait renoncer à tout droit d'aînesse et de partage sur les terres que nous venons d'énumérer. Mais Nicolas survécut peu au comte Ferry, de sorte que la baronnie de Beaufremont ne lui appartint jamais ; elle resta donc à Yolande d'Anjou, sa mère, qui la posséda jusqu'en 1484. Les événements qui survinrent en Lorraine et en Bourgogne, après 1470, sont trop importants pour ne pas s'y arrêter quelques instants ; le nom de Beaufremont s'y trouve mêlé, et d'ailleurs, s'ils retardèrent le succès de la cause que soutenait Jean d'Arberg, ils paraissent avoir servi, plus tard, à la faire triompher.

Tandis que le vieux roi René 1er habitait tranquillement la Provence, et restait éloigné du duché de Bar qu'il semble s'être réservé moins pour le gouverner que pour en tirer les revenus, son fils Jean II, héritier d'Isabelle sa mère, puis son petit-fils Nicolas, montaient successivement sur le trône de Lorraine. Ce dernier étant mort prématurément en 1473, les lorrains décernèrent la couronne ducale au fils de Ferri de Vaudémont et d'Yolande d'Anjou qui prit le nom de René II.

Louis XI, roi de France, et Charles-le-Téméraire, duc de Bourgogne, guidés par des vues différentes d'intérêt personnel, recherchèrent aussitôt l'alliance du nouveau duc. Le jeune prince n'avait de confiance ni en l'un ni en l'autre des deux adversaires, mais après diverses hésitations, il crut enfin devoir traiter de préférence avec le duc de Bourgogne. Dans les premiers mois de l'année 1474, il signa donc avec Charles-le-Téméraire une convention qui, sous le nom d'alliance,

(1) Dom Calmet, *Histoire de Lorraine* en 3 vol., 3e vol., aux preuves, p. ccxxxvi.

mettait la Lorraine à la merci de ce prince. Cette convention
assurait aux Bourguignons un libre passage dans le duché,
à condition de payer ce qu'ils prendraient; Charles s'en-
gageait à protéger René contre tous, et de son côté, celui-ci
prenait l'engagement de ne conclure avec Louis XI aucun
traité de nature à porter le moindre préjudice au duc de
Bourgogne; de regarder comme amis ou comme ennemis les
amis ou les ennemis de ce duc. Les troupes bourguignonnes
qui passaient à travers notre pays pour se rendre dans les
Flandres, pouvaient s'arrêter et séjourner dans les villes de
Preny, Neufchâteau, Épinal et Darney.

Mais les allées et venues continuelles des Bourguignons
ne laissèrent bientôt plus aucun repos aux gens des campagnes :
les soldats vivaient à discrétion, ne payaient rien et maltrai-
taient les paysans. De justes réclamations adressées par René
au duc de Bourgogne n'obtinrent que de belles paroles. Dans
ces conditions, le traité d'alliance ne pouvait avoir une
longue durée. Dès que Louis XI avait connu ce traité, il
avait fait occuper par des troupes françaises le duché de
Bar dont René II devait hériter après la mort du roi de
Sicile son grand-père; il n'avait agi de la sorte que pour
forcer le prince lorrain à cesser toute relation avec le bourguignon. René hésitait encore, mais enfin il traita avec le
roi de France qui lui promit de le soutenir, garder, secourir
et défendre envers le duc de Bourgogne et en général contre
tous ceux qui voudraient lui causer quelques dommages : on
sait ce que valaient les promesses de Louis XI. René, cependant, se sentant appuyé, ne ménagea plus rien : ne pouvant
obtenir justice des déprédations des soldats bourguignons,
il s'opposa à leur passage et à leur séjour dans ses états,
puis il envoya au duc de Bourgogne une missive où, après
lui avoir exposé ses griefs, il lui déclarait la guerre et le
défiait au combat. Charles-le-Téméraire était alors occupé au
siége de Neuss, près de Cologne. Ayant pris connaissance
de cette missive que lui remit le *more* du sire de Craon,
il publia aussitôt en réponse, un manifeste d'où nous ex-

trairons le passage suivant (1) : « Nous avons veu , y disait-il
» à René, certaines vos lettres par lesquelles vous faictes
» narration de plusieurs choses controuvées et exquises ,
» pour parvenir à nous desclairer vouloir faire service à
» l'encontre de nous et des nostres, à très-hauts et très-ex-
» cellents princes l'empereur des Romains et le roy de France,
» comme féodal de chascun d'eulx , et desquels vous dictes
» estre excité à la guerre à l'encontre de nous nonobstant
» les alliances passées entre nous et vous, lesquelles comme
» vous dictes, ne vous peuvent empescher, car vous les
» entendez estre nulles et y avez renoncé et y renoncez,
» par vos dictes lettres voulant estre acquitté suffisamment
» et sauf vostre honneur...... » Charles rappelait ensuite à
René les clauses de leur traité, les avantages qu'il avait procurés
à la Lorraine et qu'elle devait en retirer, puis il disait en
terminant : « Par lettres de vostre part et de la nostre, du
» 15 octobre 1473, vous nous avez promis et juré en foy
» et serment de vostre corps, sur vostre honneur et en parole
» de prince, entre autre chose de non-jamais vostre vie
» durant, de vostre personne, dudit vostre pays de Lorraine,
» comté de Vauldémont et *seigneurie de Boufframont*, vos
» serviteurs et subjets, faire ne souffrir être fait par qui
» que ce soit, aucune guerre, mal ou dommage à nous, nos
» pays, seigneuries et subjects ; ains vivre et demeurer avec
» nous en bonne amitié et intelligence, et de non faire de
» vostre personne, ne desdits pays, serviteurs et subjects,
» aucune alliance ou intelligence avec le roi de France, et
» aultre quelconque, qui soit au préjudice et dommage de
» nous, et contre ladicte intelligence, et avec ce que nous,
» nos serviteurs et subjects quelconques pourront sauvement
» passer et repasser, marchant en armée et autrement, par
» lesdicts pays et seigneuries de Lorraine, Vauldémont *et*
» *Boufframont*, sans avoir aucun destourbier et empesche-
» ment...... En faisant le contraire du contenu de vos

(1) Cette réponse est du 5 juillet 1476.

» dictes lettres, nous ferons procéder contre vous, et moyennant
» l'ayde de Dieu, vous ferons cognoistre les différences d'entre
» nostre amitié et bienveillance et notre inimitié et hosti-
» lité, etc...... (1). »

Comment Charles-le-Téméraire est-il amené à parler ici de
la seigneurie de Beaufremont plutôt que de toute autre?
Nous en ignorons le véritable motif : supposons tout simplement, comme il semble le dire, que c'est parce que cette
seigneurie se trouvait sur le passage qu'il s'était réservé,
car la montagne de Beaufremont commande la route de Darney
ou Bulgnéville à Neufchâteau. Mais les termes de sa réponse
ne témoignent-ils pas aussi qu'il avait reconnu les prétentions
de la maison de Lorraine sur Beaufremont? Si cette reconnaissance exista jamais, Jean d'Arberg dut en être bien peu
flatté.

Il ne pourrait entrer dans notre plan de faire le récit de
la guerre qui fut suivie de la mort de duc de Bourgogne.
Nous rapporterons seulement que ses troupes étant entrées
en Lorraine, il s'empara successivement des places du
duché. Le 19 octobre, Épinal lui ouvrait ses portes; le 21,
il recevait la soumission de Darney, de Bulgnéville et
de Châtenois qui n'attendirent pas même une attaque ;
Neufchâteau fut occupé en même temps, ainsi que le château
de Vaudémont. Nancy, après avoir soutenu un siége d'un
mois, fut obligé de capituler, et, le lendemain, Charles-
le-Téméraire s'y conduisait comme s'il en eût été le véritable
souverain. Dès ce moment, la conquête de la Lorraine était
achevée.

Le 11 janvier 1476, l'armée des Bourguignons prit le chemin
de la Suisse et se dirigea de Nancy vers Toul et Bulgnéville ;
elle passa donc encore aux environs du château de Beaufremont. On connaît les défaites de cette armée à Granson
et à Morat, à la suite desquelles les Lorrains, vaincus mais
non soumis, chassèrent, par le seul effort de leur patriotisme,

(1) Dom Calmet, *Histoire de Lorraine*, t. 7, p. CLIV, aux preuves.

toutes les garnisons bourguignonnes qui occupaient les places fortes de notre pays. Cet élan prépara le succès de la bataille de Nancy : le duc de Bourgogne étant venu assiéger une seconde fois cette ville, trouva sous ses murs le terme d'une existence aventureuse. Ce dernier événement permit à Réné II de rentrer immédiatement dans toutes ses possessions. Le redoutable état créé par les ducs de Bourgogne cessait d'exister et allait être démembré.

Nous n'avons retrouvé nulle part que Jean d'Arberg eût pris part à cette guerre où les Suisses jouèrent un rôle si glorieux. Cependant, nous pouvons très-bien supposer qu'il suivit l'exemple de son suzerain, le vieux Rodolphe de Hochberg, alors comte de Neufchâtel (1). Cet ancien allié de la maison de Bourgogne avait d'abord employé toutes ses forces pour empêcher la guerre ; forcé enfin de choisir entre les deux partis, il se rangea du côté des Suisses, ses concitoyens, leur livra Neufchâtel, mit de fortes garnisons dans les châteaux qui défendaient la montagne (2) et se retira à Berne. Dans les conditions où se trouvait le comte de Neufchâtel, comme celui de Valengin, une telle conduite ne pouvait être blâmée par aucune des deux armées : remarquons qu'elle donnait aussi à Jean d'Arberg le droit de garder, dans la guerre de Lorraine, une inaction qu'il devait désirer. Rien ne nous prouve qu'il agit autrement.

Ces luttes qui mettaient en question l'existence de véritables nationalités ne permettaient guère aux princes de songer à régler des intérêts particuliers. Aussi, ne voit-on pas que le comte d'Arberg ait fait, pendant qu'elles durèrent, aucune tentative, aucune démarche pour rentrer en possession du

(1) De Barante, *Histoire de Bourgogne*, t. 2, p. 5. Mais **M.** de Barante attribue faussement à Rodolphe de Bade, qui n'existait pas, ce qui fut fait par Rodolphe de Hochberg. Cet écrivain a commis une foule de fautes semblables qui déprécient son ouvrage. Voir **Moréri**, t. 5, p. 502.

(2 Valengin qui n'est qu'à une lieue de Neufchâtel fut évidemment aussi occupé par les Suisses.

château et de la seigneurie de Beaufremont. Obligé d'attendre, il n'abandonna ni ses droits ni l'espoir de les faire reconnaître un jour.

Dès que Réné II fut devenu tranquille possesseur de la Lorraine, notre baron lui écrivit une lettre (1478) où il lui exposait ses justes prétentions ; puis, le vieux roi de Sicile étant mort en 1480, et Yolande d'Anjou ayant hérité du duché de Bar, il profita encore de cette occasion pour protester (avril 1481) contre une spoliation évidente. Cette fois il s'adressait à Yolande : sa nouvelle réclamation, comme celle qui l'avait précédée, n'aboutit encore à aucun résultat. Voyant enfin que les moyens pacifiques devenaient inutiles, il résolut d'en employer d'autres.

Charles-le-Téméraire n'avait laissé qu'une fille, Marie de Bourgogne ; Louis XI chercha d'abord à dépouiller cette princesse, mais il éprouva, de la part des Flamands et d'un assez grand nombre de seigneurs bourguignons, de la famille de Vergy entre autres (1), une résistance qui devint une véritable guerre lorsque Marie eut épousé Maximilien d'Autriche. La paix d'Arras en 1482 mit fin à cette guerre, mais ne calma pas tous les mécontents. Louis XI étant mort l'année suivante, la régence d'Anne de Beaujeu, sa fille, fut l'occasion de troubles qui obligèrent cette princesse à garder bien des ménagements. Malgré de nombreuses concessions, elle fut loin de rallier toute la Bourgogne à sa cause. Maximilien

(1) Guillaume, sire de Vergy, ayant été fait prisonnier devant Arras, au commencement de la guerre, Louis XI lui fit subir la captivité la plus dure : pendant près de deux ans, il resta enfermé dans une cage, les fers aux pieds et aux mains, refusant toujours de prêter serment d'obéissance au roi. A la fin, cependant, il se laissa gagner par les prières et les larmes de sa mère qui lui peignit, s'il s'opiniâtrait, les malheurs trop certains de sa maison dont il était l'appui et l'unique espérance. Le roi lui restitua alors toutes ses terres, et le fit possesseur de plus de dix mille livres de rente ; mais il est bien certain que si Vergy le servit, il ne lui fut jamais attaché de cœur. Il fut depuis maréchal du comté de Bourgogne, puis lieutenant et capitaine général des duchés de Gueldre et comté de Zutphen pour Philippe, archiduc d'Autriche. Il mourut en 1520.

pensant alors qu'il pourrait se faire rendre cette province, chercha à s'y créer des intelligences. Quelques seigneurs parurent écouter ses propositions. Des projets, ils passèrent bientôt aux actes. Voici, en particulier, ce qui nous intéresse. Nous citons le fait tel que le rapporte un chroniqueur Bourguignon (1). « C'était l'été de 1484 ; le commerce se relevait ; la foire de Lyon venait de finir ; les routes de la Bourgogne étaient couvertes de marchands qui rentraient dans leurs foyers. Jean de Valengin ramassa une petite troupe soutenue par les gens du sire de Vergy, prit des positions dans les bois de Demigny que traversait la route de Beaune à Lyon ; et, quand la caravane des marchands lorrains qu'il attendait parut, il se jeta sur eux, en tua plusieurs et enleva leurs bagages. M. de Vergy eut sa part du butin, prit les meurtriers sous sa protection et fit conduire les captifs près de Gray, dans son château fort de Revel.

« Ce guet-apens n'était pas un brigandage dans le sens vulgaire ; Guillaume de Vergy était grand sénéchal de Bourgogne et l'un des plus hauts seigneurs de la province. M. de Valengin d'*Entre-deux-Monts* (2) était frère d'armes de Philippe de Chaumergis, qui avait soulevé Baune sous Louis XI, et l'ami du sire de Digoin, avec *qui il avait servi dans la compagnie du duc de Bourgogne, les dernières années de sa vie.* (3) Il avait même conservé des intelligences avec ce seigneur réfugié près de Maximilien d'Autriche. Ils formaient le noyau d'un petit groupe de mécontents qui avaient des vengeances à exercer et des espérances de restauration. En attaquant les Lorrains, ils souffletaient René de Bar, chez

---

(1) **M. Rossignol.** *Mémoire de l'Académie de Dijon*, année 1857, p. 97.

(2) Cette dénomination est une erreur.

(3) Nous n'avons aucune preuve de ce fait qui, quand même il serait vrai, ne serait pas encore une raison suffisante pour nous faire croire que Jean d'Arberg combattait en Suisse et en Lorraine dans l'armée de Charles-le-Téméraire. La restitution de Beauffremont après la conquête de la Lorraine aurait été évidemment le prix de cet attachement s'il eût existé.

qui le duc de Bourgogne avait été tué, et ils entretenaient dans la province une fermentation qui favorisait leurs projets. Nous nous faisons justice, disaient-ils ; *pourquoi le roi de France* (1) *ne force-t-il pas le duc de Lorraine à rendre la seigneurie de Baffremont ?* »

» Anne de Beaujeu ne se fit pas illusion sur la nature de cet événement ; elle ordonna au sire de Vergy de relâcher les Lorrains et de livrer les *brigands* (2) qu'il abritait. Les sujets du duc de Lorraine furent mis en liberté ; mais on garda les dépouilles, et on fit dire au roi *qu'on ne pouvait appréhender les malfaiteurs.* » (3).

» Le 29 novembre 1484, quatre mois après l'attaque, à la requête des marchands, ou plutôt de leur duc, on ordonna une enquête et, s'il y avait lieu, la punition des coupables. Le gouverneur de Bourgogne reçut ordre de contraindre M. de Vergy à restituer tout le butin qui avait été fait dans cette expédition, et on lui écrivit, au nom du roi, une lettre sévère, *bien rigoureuse, pour lui faire savoir que le roy estoit très-malcontent qu'il n'eust point fait réparacion, selon qu'il lui en avoit esté escript plusieurs fois, et qu'on estoit délibéré ne souffrir telle chose en ce royaulme* (4). Le gouverneur Baudricourt *devait besogner vertueusement.* Il est probable qu'il ne put saisir les coupables qui étaient sur leur garde ; mais le mouvement s'était propagé à la faveur des luttes que les états et le parlement de Bourgogne soutenaient alors contre le roi. » ·

Nous n'irons pas plus loin dans le récit des troubles qui agitèrent non-seulement la Bourgogne, mais encore la France entière à cette époque, et des faits qui eurent pour résultat définitif le maintien d'Anne de Beaujeu à la régence et la

(1) Charles **VIII.**

(2) Épithète de parti qui, comme on le voit, ne date pas de 1815.)

(3) *Procès-verbaux du Conseil de régence de Charles **VIII**,* d'août 1484 à janvier 1485, publié par Bernier, p. 14, 186, 188 et 189.

(4) *Ibid.* Séance du 29 novembre 1484.

restitution de la Franche-Comté à Maximilien. Nous ne cher-
cherons pas non plus à discuter les assertions de la citation
que nous venons de faire. Quels qu'aient été les projets
réels ou supposés dont le sire de Vergy, Jean de Valengin et
leurs alliés poursuivaient alors la réalisation, il en est un
qui n'offre aucun doute, c'est, comme ils le disaient hautement, la restitution de la seigneurie de Beaufremont. Cette
restitution, à laquelle ils s'intéressaient si vivement, n'était
autre chose que la réparation d'un tort fait à leur famille
commune, car Guillaume IV sire de Vergy, fils de Jean de
Vergy, était le propre frère de Guillemette de Vergy (1) que
venait d'épouser Claude d'Arberg, fils aîné et principal
héritier de Jean de Valengin.

Après l'affaire du bois de Demigny, le duc de Lorraine
commença évidemment à se lasser de la seigneurie de Beaufremont qui lui était réclamée avec une opiniâtreté que rien
ne pouvait rebuter. Il en avait hérité de sa mère en 1484. En
1485, il la cédait à un de ses plus fidèles guerriers, Gérard
d'Avillers, son conseiller et écuyer d'écurie (2), ce seigneur
ne paraît pas néanmoins en avoir joui.

Jean d'Arberg qui se faisait vieux et qui avait dû être
fortement contrarié des tracas suscités par l'arrestation des
marchands lorrains, ne voulut sans doute plus renouveler
lui-même une tentative aussi sérieuse; mais il transmit à son
tour ses droits à son fils Claude. Si nous en croyons une
note que nous avons sous les yeux (3), ce jeune seigneur
les revendiqua aussitôt et ne perdit point de temps en réclamations infructueuses. Voyant qu'on ne l'écoutait pas
d'abord, il lève des soldats en Suisse, puis aidé de ses

---

(1) Voir dans Moréri, l'art. Vergy.

(2) Gérard d'Avillers fut pourvu par Réné II, en 1487, de la terre et seigneurie de Commercy, en échange de la terre de Châtenoy qu'il avait reçue
du même duc, après la victoire de Nancy, en récompense de ses services.

(3) Cette note nous a été fournie par M. Iverneau, de Neufchâteau, mais
nous ne saurions dire à quelle source il l'a puisée.

parents et de ses alliés, il entre en Lorraine, près de Châtillon-sur-Saône. On se met en devoir de lui résister, mais il assiége la place, la prend et la livre aux flammes. Si le fait est vrai, on peut dire que l'exécution fut prompte.

En entrant en guerre avec une famille très-puissante que l'empereur d'Allemagne appuyait, le duc de Lorraine risquait de voir de nouveau ses états envahis par des troupes étrangères. Il préféra s'attacher cette famille en traitant avec elle, et Jean d'Arberg put enfin, avant de mourir, voir son fils définitivement établi dans le château de Beaufremont, dont il avait lui-même tant envié la possession.

Le traité ou arrangement, dont nous allons rapporter les stipulations, fut fait entre René II et Jean d'Arberg, assisté de Claude son fils, à la suite d'un arbitrage qui eut lieu dans la ville de Soleure, en Suisse (Solotorn ou Solothurn, en allemand). On verra par les conventions qu'il renferme que c'est à tort qu'on a voulu le qualifier de vente. Si les d'Arberg consentirent à y laisser introduire une évaluation de leurs droits, c'était assurément pour ménager l'amour-propre de leur adversaire; leur préférence pour la possession de la terre qu'ils réclamaient ne saurait être douteuse.

Lors de l'invasion de la Lorraine par Louis XIV, le trésor des chartes de Nancy possédait une copie de ce traité écrite en langue allemande, avec une traduction en français dont voici le contenu :

« A la journée commencée à tenir en la ville de Soleure, le 14 avril 1486, par devant Philippe de Genève, chambellan, et Pierre Loys de Valtan, maistres d'hostel, conseillers et orateurs du Roy de France, et plusieurs orateurs de ladite ville, députés des hautes parties d'Allemagne à ladite journée, comparurent illustres et magnifiques personnes messire Philippe de Linanges et d'Ausbourg, bailli d'Allemagne, pour Allemagne ; messire Jehan de Guémanges, chevalier, et Robert Bodinays, orateurs, députés de René, duc de Lorraine, d'une part ; et noble magnifique personne Monsgr Jehan, comte d'Arberg, seigneur de Valengin, les orateurs de la ville de Berne, Jean Baptiste de Aylandis, official de Losanne, Jean Loys de Froberg, Pierre de Bury, docteur ès lois, et Guillaume Cublan ;

» Sur la question et débat entre ledit duc d'une part et ledit comte d'autre, touchant le chasteau et seigneurie de Boffroymont ; veu les lettres, titres et renseignements, a esté par les dessus dits orateurs royaux et autres dessus dits, appointé, conclu et déterminé par manière et voye amiable, que le duc de Lorraine donnera et paiera audit comte d'Arberg, et à Claude, son fils, pour toutes demandes, droits et actions, qu'ils ont et peuvent avoir en ladite terre et quelque lieu que ce soit, et pour les fruits et revenus du temps passé, la somme de 15000 florins d'or du Rhin, ou la valeur de 4 escus pour 5 florins, ou 3 ducats pour 4 florins, ou xi florins d'Utrecht pour 10 florins du Rhin, scavoir deux mois du jour que le duc recevra lettres desdits seigneurs alliez, portant certificat que le père et le fils de Valengin auront recouvré leurs obligations de foy, du Roy des Romains, et qu'ils auront ratifié : ledit duc sera tenu payer en la ville de Soleure, 5000 florins du Rhin, en recevant lettres et transport et quittance des droits desdits de Valengin sur ladite terre, et les titres et renseignements qu'ils peuvent avoir de ladite terre. Et quatre mois après, ledit duc sera tenu de faire le second payement en ladite ville de Soleure, de pareille somme de 5000 florins ; et les quatre mois suivants, en ladite ville le restant. Et, au cas que le duc de Lorraine ne veuille payer la susdite somme de xv mille florins, il sera tenu de bailler et délivrer audit comte d'Arberg ledit chasteau, terre et seigneurie de Beffroymont, sauf audit seigneur duc les droits féodaux de seigneurie et de souveraineté, et le douaire de dame Catherine, jadis femme de feu Pierre de Beffroymont, que le feu comte de Vaudemont, père du duc, avait achepté ; et les 500 salus d'or qu'il avait pareillement acquis sur ladite terre, au choix et option du duc, un mois après la ratification faite du présent traicté par lesdits de Valengin, et, recouvrement de leurs obligations de foy ; et d'autant que lesdits de Valengin ont déclaré ne pouvoir accepter ledit traicté, attendu qu'ils avoient donné leurs lettres et cartels de foy, scellés de leur sceau, à Maximilien, roy des Romains, de ne faire aucun appointement sur cette matière, sans son consentement, il est convenu que, dans la fête de la Magdeleine prochaine, lesdits de Valengin retireront et recouvreront leurs scellés dudit roy des Romains, ou du moins lettres sufisantes de son consentement, lesquelles reçues, et qu'ils auront ratifié le présent traité en la ville de Soleure, le duc sera tenu de délivrer auxdits de Valengin, dans les deux mois qu'il luy apparoitra de ladite ratification, ou ladite terre et seigneurie de Beffroymont, ou le premier paiement de ladite somme à son choix. Et si, dans ledit de la Magdeleine, lesdits de Valengin n'avaient recouvré leurs lettres de foy, ou le consentement dudit roy des Romains, chaque partie demeurera en son droict, comme il étoit avant le présent traité. — Est encore appointé qu'après que lesdits de Valengin auront recouvré leurs lettres, et confirmé le traité, que le duc de Lorraine ne poarra leur rien demander pour quels dommages qui aient été faicts ès duchés de Lorraine et de Bar, ni eux parcillement au duc, ni pour les levés et perception des fonds, revenus et émoluments desdites terres ; et pendant le temps porté par les ratifications, ne sera fait de part ni d'autre, aucune entreprise ou voye de fait, injures, guerre ou hostilité, mais demeureront en paix et seureté l'un de l'autre.

» Est parcillement appointé que le duc de Lorraine aura deux mois pour ratifier et confirmer le présent traité. — Obtiendront aussi les orateurs et députez du roy de France, dans quatre semaines prochaines, que tous aidans et confortans lesdits de Valengin, demeureront en suspens, pendant ledit temps, afin que les sujets, de part et d'autre, puissent seurement aller et négotier, sur lequel article, le roy fait ou fera savoir sa volonté à ceux de Berne.

» Fait et arrêté à Soleure, le 23 Avril 1486 (1). »

(La copie en français n'est pas signée. Celle en allemand, ainsi qu'une autre en latin, est signée par Jehan-Von-Stalle.)

Le duc René II ne pensa peut-être jamais à exécuter ce traité en payant la somme de 15,000 florins. Cédant aux pressantes sollicitations du roi des Romains, dont l'amitié n'était pas à dédaigner, et aussi à *l'humble supplication* de Claude d'Arberg, il mit ce légitime successeur de la branche aînée des Beaufremont en possession de l'héritage que de

_____

(1) *Manuscrits de la Bibliothèque impériale*, par Dufourny, t. 1, p. 1006.

nobles aïeux avaient illustré. Le 13 du mois de mars 1486 (1), Claude d'Arberg prêtait serment de foi et hommage au prince lorrain. Nous donnons ci-dessous le texte de l'acte rédigé à ce sujet :

Claude d'Arberg, seigneur de Valengin, prête serment de foi et hommage au duc de Bar, pour l'investiture de la seigneurie de Beffroymont qu'il a reçue de lui.

» Je Claude d'Arberg seigneur de Valengin le jeune, fais savoir à tous comme à la journée tenue au lieu de Soleure, le seizième jour du mois d'apvril dariènement passé, pour les questions et différens estans de picça entre feue la royne Yolande, duchesse de Bar, et très-hault et puissant prince et mon très-redoubté seigneur monseigneur le duc René, duc de Lorraine, de Bar et de Calabre, etc., son fils, d'une part ; et Monseigneur mon père le comte Jehan d'Arberg, seigneur de Valengin, et moy d'autre part, pour et à l'occasion de la place, terre et seigneurie de Beffroymont. Ait, par le moïen des gens et conseillers du roy envoïés à ladite journée, et plusieurs notables personnaiges y députés par messieurs des lignes de la haute Allemaigne, esté appoincté, prononcé et déclaré par voye d'appoinctement amiable que pour le droict et action que mondit seigneur et père et moy prétendions en ladite place, terre et seigneurie de Beffroymont, mondit seigneur le duc nous payeroit la somme de quinze mil florins d'or à certains payemens et termes déclarés es lettres sur ce faictes, et s'y son plaisir estoit et mieux aimoit nous bailler la possession desdis places, terre et seigneurie de Beffroymont avecques ses appartenances telles et ainsi que les avoit tenues et possédées feu monsieur mon oncle, messire Pierre de Ruppes, seigneur dudit Beffroymont, faire le pourroit en saulvant le droict féodal, hommaige, ouverture, ressort et autres droicts de seigneurie souveraine, ainsy qu'il est accoustumé faire pour ledit chasteau, ville et seigneurie de Beffroymont envers messieurs les ducs de Bar à cause du bailliage de Sainct-Michiel.

(1) L'année ne commençant qu'à Pâques, on n'était pas encore en 1487.

Aussy saulf pour mondit seigneur le duc, le droict de douaire que feu hault et puissant prince monsieur Ferry de Lorraine, comte de Vauldémont, père de mondit seigneur achepta pieça de Dame Catherine de Sainct-Loup. Et semblablement les cinquante salus de rente acheptée par feue ladite Dame royne, mère de mondit seigneur, à feu mon cousin de Soye, rachept de cinq cens salus, comme toutes ces choses et autres sont plus à plein desclairées et spécifiées es lettres sur ce faictes. Et comme il a pleu à mondit seigneur le Duc, en faveur de très-excellent prince et seigneur Monseigneur Maximilien, roy des Romains, etc., mon très-redoublé seigneur, aussy à mon humble supplication, présentement consentir que ladite possession me soit baillée et me recepvoir à hommaige de ladicte place, terre et seigneurie de Beffroymont, soubs les saulvations dessus dis et plus à plain desclarré esdis lettres d'appoinctement sur ce faictes. Assavoir est que je cognoissant la bonne et grande libéralité de mondit très redoublé seigneur monseigneur le Duc, je tant pour et au nom de mondit seigneur et père le compte Jehan d'Arberg, et par vertu des lettres de procuration que j'ay délivrées à mon dit seigneur le Duc, comme pour moy, ai faict à mondit seigneur le Duc, *foi et hommage de ladite terre et ses appartenances*, tant pour et au nom de mondit père comte Jehan d'Arberg, recongnoissant ce debvoir, et serment de fidélité et obéissance que luy estions tenus faire à cause de ladite place et ville de Baffroymont, mouvant en fied de sondit Duchié de Bar et bailliage de Sainct-Mihiel. Promettant pour en nom de mon dit seigneur et père, duquel me fais fort et de moy aussy, pour tous nos hoirs, successeurs et ayant cause, de faire à mondit seigneur le Duc et à ses hoirs ducs de Bar, tous les fruicts et devoirs de droict féodal, ouverture, ressort et autres, ainsy qu'il est accoustumé faire à messieurs les ducs de Bar comme le fied le requiert, et avec ce de fournir entièrement à tout le contenu esdits lettres d'appoinctement faictes audit Soleure, sans y contrevenir à nul journais, en manière que soit ou puisse estre, et de ne faire quelque querelle, poursuicte et action à mondit seigneur le Duc, ses hommes et subjects, aydans, serviteurs et complices, par justice ne autrement, tant pour les choses entrevenues à l'occasion desdites guerres et hostilités, comme des levées et receptes par luy et ses gens faictes de tout le temps passé, en icelle terre et seigneurie, le tout sans malengin.

» En tesmoing de ce j'ay à ces dits présents, signées de ma main, faict appendre, par ma prière, le seal de mon très-chier nepveu Etienne de Thiellières seigneur de Mont-Joye (1), en absence et par deffault du mien, ce que je Estienne de Thiellières cy nommé congnoit avoir faict à la requeste de mondit seigneur et oncle, le treixième jour de mars mil quatre cens quatre vingtz et six. Ainsi signé Claude d'Arberg, et scellés d'un seel de cire verde pendant à double queue de parchemin (2). »

Nous ignorons l'époque de la mort de Jean d'Arberg comte de Valengin ; d'après les généalogistes bourguignons, il avait épousé Louise de Neufchâtel, dont il eut deux fils. Claude l'aîné fut comte d'Arberg, sire de Valengin et baron de Beaufremont. Guillaume d'Arberg, frère puîné de Claude, est qualifié de baron de Valengin ; ses descendants formèrent une branche cadette connue sous le nom de comtes d'Arberg-Vallangin, illustre par ses alliances et ses dignités, et célèbre dans les fastes de l'Allemagne, de la Flandre et du duché de Limbourg. Cette branche subsistait encore vers la fin du siècle dernier (3) ; nous ne saurions dire si elle n'est point éteinte aujourd'hui.

Claude d'Arberg, comte d'Arberg et de Valengin, baron de Beaufremont.

(De 1486 à 1517.)

Après être restée pendant dix-huit ans veuve de ses seigneurs, la baronnie de Beaufremont les revoyait enfin ; son antique

---

(1) Il existait autrefois à Certilleux une seigneurie dite de Mont-Joye ; nous pensons que c'est celle dont il est ici question. Thiellières ne serait autre que Tilleux. Ces deux villages avoisinent Beaufremont ; ils n'en sont éloignés que d'environ six kilomètres.

(2) *Archives de Lorraine.* Cartulaire. *Trognon, Sampigny et Beaufremont.*

(3) *Voyage en Suisse* publié en 1786 par le baron de Zur-lauben, art. Vallangin.

château pouvait abaisser ses ponts-levis et ouvrir ses portes pour les recevoir. Sans doute, ce n'était plus ni ses Liébaud ni ses Pierre, ni ses Gauthier ni ses Huard, mais c'était encore leur descendant, le petit-fils de Jeanne, fille aînée de son généreux Philibert, jeune et beau chevalier, dans les veines duquel le sang des bons barons de Beaufremont s'alliait au sang de nobles comtes, issus d'un pays où les hommes naissent « la liberté dans le cœur, le bon sens dans la tête et la loyauté dans la bouche. »

Ce dut être une bien belle fête pour nos ancêtres que le jour où ils eurent le bonheur de recevoir Claude d'Arberg et sa famille. Autant le joug des intendants des princes lorrains leur avait dû être à charge dans un temps où les exigences étaient ʃdures, autant ils se réjouirent de se revoir en paix, replacés sous la domination directe et paternelle de leurs véritables seigneurs. Si tels étaient leurs sentiments, ils ne furent point trompés dans leur attente.

A peine devenu possesseur de l'héritage de ses ancêtres maternels, Claude d'Arberg prit une place distinguée parmi les gentilshommes de l'ancienne chevalerie des duchés de Lorraine et de Bar. Le duc René II sut apprécier ses qualités, et nous le verrons successivement le convier aux fêtes de la cour ducale, l'appeler dans ses conseils, et enfin le nommer sénéchal de Lorraine.

La première occasion où nous voyons figurer Claude d'Arberg sire de Valengin et son épouse Guillemette de Vergy, fut le baptême du duc Antoine, fils aîné de René II et de Philippe de Gueldres. Cette belle solennité dont Edmond du Boulay nous a laissé la description, eut lieu à Bar-le-Duc, le mardi 16 juin 1489. Empruntons quelques détails à cette description.

La cérémonie du baptême fut précédée d'un repas somptueux donné par le duc aux princes de sa famille et à la noblesse de ses états, dans la grande salle du château, tendue des plus riches tapisseries de la couronne.

« Après le festin et le bal qui suivit, tous les princes, les princesses, les plus grands seigneurs et les dames se rendirent dans la chambre magnifiquement parée où était le jeune Prince.....L'évêque de Metz leva l'enfant, et on commença à marcher en ordre vers l'église de St Maxe où le baptême devait se faire. En tête du cortége était la musique, puis venaient les huissiers de la chambre, les gentilshommes, les poursuivants, les hérauts d'armes, les sénéchaux de Lorraine et de Bar, ensuite les chambellans, ayant tous un cierge blanc à la main.

» Après marchait le comte de Sarbruch portant le cierge du baptême, puis le comte de Linanges, portant la salière, ensuite le comte de Chalant, portant le crémeau enrichi de pierres précieuses et d'une croix par-dessus. Ce crémeau était posé sur un carreau de drap d'or enrichi de perles. Suivait M. *de Valengien* portant l'aiguière, puis le comte Henri de Blâmont portant le bassin. Jean comte de Salm, grand maréchal de Lorraine et de Bar, portait l'oreiller et la serviette.

» Le parrain qui était Henri de Lorraine, évêque de Metz, portait le jeune Prince, ayant à sa droite madame Yolande de Lorraine, et à sa gauche madame de Saverden, marraine. A côté et derrière ces dames étaient Frédéric de Blâmont et Henri de Salm, portant chacun un coin du drap d'or où était le Prince, et servant de chevaliers d'honneur. Après eux marchaient madame Marguerite de Lorraine et les comtesses de Blâmont, de Salm, de Valengien et de Challant (1), suivies de toutes les dames de la cour.. . . . .

» Sur un théâtre dressé au milieu de l'église richement parée et éclairée, on avait disposé les fonds d'argent doré enrichis de pierreries, dans lesquels fut baptisé le jeune Prince. Après la cérémonie le héraut d'armes cria : *Vive très-haut et très-illustre Prince Antoine Ier, fils de Lorraine, Duc de Calabre*. Après quoi on s'en retourna dans le même ordre qu'on était venu (2).... »

(1) Au banquet le comte de Chalant fit l'office d'écuyer tranchant.

(2) *Histoire de la ville de Nancy*, par Lionnois, page 87, et manuscrit de la bibliothèque d'Épinal. n° 180.

Ces quelques détails qui indiquent avec quelle magnificence les ducs de Lorraine célébraient leurs fêtes de famille, montrent aussi de quelle considération M. de Valengin et son épouse jouirent tout d'abord à la cour de ces ducs.

Le 26 janvier 1496, Claude d'Arberg, qualifié seigneur de Beaufremont, assistait au mariage de sa belle-sœur, Claudine de Vergy, avec Fernand de Neufchâtel, seigneur de Montaigu, de Fontenoy et d'Amance, etc. (1).

Sur la fin de 1499, il était à la cour de Lorraine, car d'après Lionnois (2), « Marché fut fait les 19 et 21 décembre 1499, en présence de René II duc de Lorraine, du bâtard de Calabre, du seigneur de Valengin sénéchal de Lorraine, etc., à Jean Wauthier et Jacob son frère, maçons, pour faire un pont de pierre, sur la rivière de Meurthe, à l'endroit de Malzéville, promettant lesdits maçons d'accomplir ledit pont pour la St-Remy suivante et s'y obligeant en donnant sûreté. » On sait qu'à cette époque, René II s'occupait beaucoup de l'embellissement de sa capitale : outre l'établissement du pont de

______

(1) Lettres de mariage accordé entre noble et puissant seigneur, Mre Fernand de Neufchâtel, seigneur de Montaigu, de Fontenoy et d'Amance, d'une part, et noble et puissante damoiselle Claude de Vergey, seur de messire Guillaume, seigneur de Vergey, de Champlite, Fonvans et d'Autrey, aussi chevalier, et fille de feuz noble et puissant seigneur et dame Mre Jehan de Vergey, seigneur de Champvans, et dame Paule de Miolans, sa femme, d'autre part : etc . . .

Fait à Champlite, le samedy 21 janvier 1496.

Présents nobles et puissants seigneurs :

Messires Jean de Neufchastel, seigneur de S. Aubin ; Pierre de Beffromont, seigneur de Soye ; Charles de Beffromont, seigneur de Sombernon ; Claude de la Palnz, seigneur de Varambon ; Claude, comte *de Arberg*, seigneur de Valengin et de Beffromont ; Charles de Neufchastel, seigneur de Chemilley ; Jehan, seigneur de Ruppes, tous chevaliers ; François de Ray, seigneur de Seneul ; François de Ray, seigneur de Beljou ; Simon de Champagne, seigneur de Vellefaux ; Jean Friaud, seigneur de Vaux, et autres. (*Histoire de Vergy*, par A. Duchesne, L. VI. p. 530. Aux preuves.)

(2) *Histoire de Nancy*, page 379.

Malzéville qui a plus de 150 mètres de longueur, il faisait construire une partie du palais ducal, édifier l'église des Cordeliers, la fontaine de la place St-Epvre, etc. (1).

Claude d'Arberg et Guillemette de Vergy n'eurent qu'une fille, Louise, comtesse d'Arberg et de Valengin, dame de Beaufremont. En 1502, ils la mariaient à Philibert, comte de Chalant, issu de l'une des familles les plus distinguées du Piémont. Nous verrons plus tard cette noble dame et ce puissant seigneur hériter de la baronnie de Beaufremont, puis la transmettre à leurs descendants.

Possesseur d'une belle seigneurie en Lorraine, jouissant dans cette patrie adoptive de la faveur d'un souverain digne de l'affection de ses sujets, Claude d'Arberg, qui possédait les plus belles qualités du cœur, n'oublia jamais le pays de ses pères. En 1488, il promettait de reprendre de Rodolphe de Hochberg les fiefs (2) cédés autrefois aux comtes de Valengin par les prédécesseurs de ce comte de Neufchâtel. Cependant, il eut le déplaisir de voir, en 1499, Philippe de Hochberg, fils de Rodolphe, « se saisir de la seigneurie de Vallengin, parce qu'on ne lui avait pas rendu hommage. » (3). Cette saisie, si elle eut réellement lieu, ne paraît avoir eu aucune conséquence fâcheuse pour le seigneur de Valengin, car nous allons le retrouver en 1505, s'y comporter comme s'il n'y avait éprouvé aucune contrariété, et comme s'il avait la certitude de n'en avoir jamais à redouter.

Quelque temps avant l'époque que nous venons de rappeler, le comte d'Arberg fit (nous ne saurions dire à quel sujet) un voyage à Rome. Il suivit la route de terre jusqu'à Gênes, mais arrivé dans cette ville, il s'y embarqua, sans doute afin d'arriver avec plus de promptitude. Pendant la traversée, une violente tempête mit le vaisseau en grand danger de périr.

(1) Voir Digot, *Histoire de Lorraine*, t. 3, p. 395 et suivantes.

(2) Ces fiefs étaient les villages de Coffrane, Fenin, Velard et Savanier. (Voyage en Suisse par Zur-lauben. Art. Vallangin.)

(3) Moréri, Art. Vallangin.

Le pilote et les matelots paraissaient même avoir perdu tout espoir, lorsque le pieux comte implora le secours de la sainte Vierge, et fit vœu que s'il sortait de ce péril et rentrait jamais dans son pays, il ferait ériger une église sous le patronage de la mère de Dieu (1). Bientôt le ciel sembla avoir entendu la prière du noble chevalier, la tempête s'apaisa, et le vaisseau continuant à voguer, put enfin arriver au port. En mémoire de cet événement, Claude d'Arberg, de retour à Valengin, y fit construire, sur une voûte qui couvre la Sauge à son embouchure, la belle église gothique de Notre-Dame qu'il dédia *à la sainte Vierge libératrice des eaux* (2). « Le Pape érigea cette même église en un chapitre composé d'un prévôt et de six chanoines que le même comte renta » (3).

Le fait que nous venons de rapporter paraît confirmer plusieurs conjectures que nous allons formuler.

En sortant de Gendreville, à droite du chemin qui conduit de ce village à Médonville, on remarque une petite chapelle presque en ruines, dont la porte en ogive annonce cependant une respectable antiquité. Ce modeste oratoire est voué à Notre-Dame de Bonsecours. Parmi les statues qu'il abrite,

---

(1) Ce vœu nous rappelle une belle pièce de poésie de **M. Aug. Demesmay**, publiée en 1837, par l'académie de Dijon : nous y lisons les deux stances qui suivent, à l'occasion d'un vœu à la sainte Vierge, par **François de la Palud**, seigneur de Varembon, fait prisonnier en Chypre, vers le milieu du XVe siècle, par les Sarrasins, sujets du Soudan d'Egypte.

   « O madame Marie,
   Sainte mère de Dieu,
   Si revois ma patrie,
   Ici vous fais un vœu.
   Il est une vallée,
   Sombre, inculte, isolée,
   Tout près de mon manoir,
   Là, je veux dans mon zèle,
   Bâtir une chapelle,
   Resplendissante à voir.

   » Aux pieds de votre image,
   Là, j'irai chaque jour,
   Vous offrir mon hommage,
   Mon culte et mon amour :
   Toujours dès mon enfance,
   En vous j'eus confiance,
   J'adorai votre loi,
   Vierge pleine de grâce,
   Grand péril me menace,
   Ayez pitié de moi ! »

(2) *Tableau de la Suisse*, par le baron de Zur-lauben, art. Vallangin, texte et note.

(3) Idem.

presque toutes du XVI⁰ siècle, on distingue bien vite celle
de la Vierge dont la chapelle porte le nom : elle est posée
sur un petit autel chargé de bouquets entretenus par la
piété traditionnelle de quelques personnes du lieu.

Cette Vierge, avec ses attributs et les personnages qui l'accompagnent, semble être une imitation de celle que possède
l'église de Bonsecours de Nancy, et dont nous donnons la
description d'après M. Henri Lepage : « La Vierge, les pieds
posés sur le globe du ciel parsemé d'étoiles, étend son manteau
sur vingt personnages agenouillés et élevant vers elle des
mains suppliantes. On distingue à sa gauche, des rois, des
reines et des princes; à sa droite, des moines, des évêques
et un pape. Le groupe, taillé dans une seule pierre, est d'une
exécution remarquable. »

Dans la petite chapelle de Gendreville, la Vierge, sous son
manteau déployé et soutenu par ses deux mains, étend sa
protection, à droite, sur un pape, un évêque, un diacre
et un moine; à gauche, sur un roi dont la couronne est
ornée de fleurs de lys terminées en pointes, et sur trois
gentilshommes ou chevaliers.

Les autres statues sont : à droite de l'autel, la vierge assise,
tenant sur ses genoux le petit Jésus, et ayant à ses pieds
saint Jean-Baptiste enfant qui, debout, semble se jouer avec
le divin Sauveur; à gauche de l'autel est sainte Anne,
instruisant la sainte Vierge sa fille.

Sur un cul-de-lampe, en entrant, se voit l'ange de l'Annonciation, debout, les ailes déployées, présentant de son
bras gauche une banderolle sur laquelle on lit, en beaux
caractères gothiques : 𝔄𝔳𝔢 𝔐𝔞𝔯𝔦𝔞. En face, à droite, les
une sainte Catherine en bon style.

Ces deux dernières statues sont d'une exécution qui révèle
le beau fleuri gothique. Il est à regretter que d'indignes
couches de badigeon, dont à diverses reprises on les a revêtues,
cachent aux regards les intéressants détails de la sculpture (1).

(1) Notes dues à la plume intelligente de M. Mourot, curé de Beaufremont.

Nous pensons que cette chapelle de Notre-Dame de Bonsecours doit son existence à Claude d'Arberg, qui l'aurait fait ériger dans sa baronnie de Beaufremont à la suite du vœu que nous avons rappelé, témoignant par là qu'il voulait laisser, dans chacune de ses possessions, un souvenir de la protection miraculeuse qu'il avait reçue de la mère de Dieu, *secours des chrétiens* dans toutes les circonstances où ils ont recours à elle.

Ne pourrait-on pas aussi rapporter à la piété du même seigneur et à celle de son épouse, l'érection des deux belles croix que l'on voit encore, l'une devant l'église de Gendreville, où elle a été transportée du milieu du village, où elle était d'abord, et l'autre à Beaufremont, sur la gauche du chemin qui va de l'église au château et au village. Les ornements qui décorent les fûts de ces deux croix sont sculptés en ogives très-ouvertes et fouillées, de manière à former de petits clochetons gothiques, abritant des personnages qui ne sont autres que les douze apôtres avec leurs attributs. Ces croix dont la première porte un croisillon moderne (1), et la seconde le croisillon primitif, entouré d'une couronne sculptée, et surmonté de l'archange saint Michel terrassant le dragon, accusent une exécution qui date évidemment de la fin du XVe ou du commencement du XVIe siècle. Le comte d'Arberg les aurait fait ériger en mémoire de sa prise de possession de la baronnie de Beaufremont, ou en reconnaissance de tout autre événement heureux pour sa famille.

Après un examen sérieux, on ne peut attribuer le travail délicat de la croix de Beaufremont, de celle de Gendreville et du groupe de la chapelle de Bonsecours, qu'à un sculpteur

---

(1) Ce croisillon, travaillé avec goût, fut exécuté il y a environ trente ans, par un simple ouvrier du lieu, le nommé F. Philbert. Sur cette croix de Gendreville, au-dessous du groupe des apôtres, on remarque un écusson fruste où se distinguent encore facilement, à droite, les vairs des armoiries de Beaufremont, mais il est difficile de reconnaître si la partie gauche est d'Arberg.

d'un vrai mérite tel que Mansuy Gauvain, l'auteur de la porterie du palais ducal de Nancy, et aussi de la Notre-Dame de Bonsecours de la même ville (1).

Claude d'Arberg, bien connu pour sa piété, ne l'était pas moins pour sa loyauté; c'est sûrement cette dernière qualité qui le fit choisir pour témoin par René II, puis par le duc Antoine, dans les circonstances qui suivent :

Le 25 mai 1506, le duc René, comme s'il avait prévu sa fin prochaine (2), fit son testament par lequel il établissait, entre autres choses, que ses successeurs aux duchés de Lorraine et de Bar seraient les aînés mâles de sa famille, et leurs descendants graduellement, à l'exclusion des femmes qui ne pourraient être appelées qu'au défaut des mâles, tant des lignes directes que collatérales. Ce testament fut fait et passé au château de Louppy, « en présence de révérend père en Dieu maître Hugues des Hazards, élu évêque de Toul, Claude de *Herberg* (*sic*), Sr de Valengin et de Besfroimont, Hardy Tillon, maître d'hôtel.... Messire Vaultrain Lud, chanoine de St-Diez.... Joannes Lud secrétaire, témoins appelés et requis » (3).

Le 6 avril 1510, il y eut un appointement entre le duc Antoine successeur de René II et Liébaud d'Anglure, touchant la vouerie d'Épinal. Par cet acte, les parties chargeaient messire Claude d'Alberg (*sic*) chevalier, seigneur de Valengin, et messire Thierry de Lenoncourt, pareillement chevalier, bailly de Vich.... (4) de dire amiablement et par droit ce qu'ils

(1) Gauvain fut évidemment connu dans nos villages et aux environs. Il y aurait même eu des critiques envieux ou jaloux qui, méconnaissant son talent, qualifièrent ironiquement de *Gauvegnaige* quelques-unes de ses œuvres. Ce mot est entré dans le patois de Beaufremont, et aujourd'hui encore, on y appelle *Gauvegnaïge* tout travail mal fait, principalement celui des maçons inintelligents.

(2) René II mourut le 5 novembre 1508.

(3) *Origine et nature du duché de Lorraine*, par Boursier, p. 109, et D. Calmet, t. 5. p. CCCLIX, aux preuves.

(4) Nous pensons qu'on doit lire, *bailly de Saint-Michiel*.

estimaient juste à l'égard du différend existant entre elles pour la possession de ladite vouerie (1).

Il paraît que vers ce temps, Claude d'Arberg eut le déplaisir de se voir troublé dans sa seigneurie de Valengin par Louis d'Orléans, devenu comte de Neufchâtel, mais les douze cantons s'emparèrent du fief de Valengin en 1442, sur ce prince; nous ignorons s'ils le rendirent ensuite au seigneur de Beaufremont. Cependant, si nous en croyons le généalogiste Dunod, Claude d'Arberg étant mort en 1517, fut enterré dans la ville de ses pères, et on vit pendant longtemps à Valengin, probablement dans l'église qu'il avait fait bâtir, l'épitaphe de ce chevalier, qualifié comte d'Arberg, seigneur de Valengin et de Bauffremont (2).

René II était mort le 3 novembre 1508; comme nous l'avons déjà dit, ce duc de Lorraine posséda à un haut degré une qualité aussi rare que belle : la reconnaissance. S'il fut justement sévère pour les lorrains qui avaient abandonné sa cause au temps de ses malheurs, il n'oublia aucun de ceux qui lui restèrent dévoués. Le prince qui éleva à la dignité de gentilshommes les pauvres paysans de Laveline, dota aussi de pensions et de titres nobiliaires d'autres roturiers d'une naissance non moins obscure. Ce fut évidemment pour récompenser quelques services importants, et peut-être à la recommandation du comte d'Arberg, qu'il donna des lettres de noblesse à deux membres de la famille Gourdot de Landaville. Nous lisons en effet dans un nobiliaire manuscrit de la bibliothèque d'Épinal, le passage suivant :

« Gourdot (Jean) de Landaville, fut annobli par le duc » René II, le 14 janvier 1498. Porte de sinople à 3 besants » d'or 2 et 1, l'écu bordé de même, chargé de 10 tourteaux » de sinople 3. 2. 2. 2. et 1.

» Gourdot (Mengin), natif de Landaville, fut aussi annobli » par le duc René II le 19 janvier 1507. Porte de sinople à

---

(1) Extrait d'un manuscrit sur Épinal, à la bibliothèque de cette ville.
(2) Généalogie de la maison de Bauffremont.

» un croissant montant d'argent au point d'honneur, accom-
» pagné de 3 besants d'or, l'écu bordé de même, et chargé de
» 10 besants de sinople 3. 2. 2. 2. et 1. »

Comtes de Chalant.

(XVIe Siècle.)

Les comtes de Chalant étaient originaires du Piémont;
leurs possessions héréditaires y occupent une grande partie
de la vallée d'Aost, où se trouvent le bourg de Chalant qui
a conservé leur nom, et les petites villes de Fenis, Châtillon,
Montjouet et Aimaville, dont ils étaient seigneurs.

Nous n'avons retrouvé nulle part la généalogie de ces comtes,
mais l'histoire de la maison royale de Savoie a conservé, à
chaque page, le souvenir de leur dévouement et des hauts
emplois dont ils furent jugés dignes par les souverains de leur
pays.

Vers le milieu du XIIIe siècle, Godefroy de Chalant, vicomte
d'Aost, gouverneur de Gênes et sénateur de Rome, épousait
Béatrix, fille du comte de Genève (1). Ils eurent pour fils
Iblet de Chalant, dit le Grand, qui porta comme son père,
le titre de vicomte d'Aost (2). Le chevalier Jean de Chalant,
fils d'Iblet, commandait et combattait en 1320, avec le comte
Edouard de Savoie, dans une guerre contre le comte de
Genève (3).

Sous Amé VI, dit le *comte Vert,* Amé ou Aymon de Chalant,
seigneur de Fenis et d'Aimaville, chevalier de l'ordre du
collier de Savoie (4), fut général d'armée et gouverneur du
jeune Amé VII. Nous retrouvons aussi sous le même prince,
messire Iblet de Chalant, seigneur de Châtillon, de Montjouet

(1) Paradin. *Chronique de Savoie,* p. 155 et 213.
(2) Idem, p. 166.
(3) Idem, p. 209.
(4) Cet ordre fut plus tard celui de *l'Annonciade.*

et de Chalant, chevalier de l'ordre du collier, gouverneur du château de Nice et du Piémont, puis Jacques de Chalant, tué au siége de Carignan, l'un des plus aimés et des plus loyaux serviteurs d'Amé VI (1).

Sur la fin du XVe siècle, Boniface de Chalant, seigneur de Fenis et de Varey, chevalier de l'ordre du collier, guerrier distingué, conseiller et négociateur du comte Amé VIII, fut élevé à la dignité de maréchal de Savoie (2) et de gouverneur du Piémont. A la même époque, Guillaume de Chalant qui rendit de très-grands services à Amé VIII, succédait comme évêque de Lausanne au cardinal Antoine de Chalant. Ces deux prélats furent successivement chanceliers de Savoie (3).

Amé de Chalant, seigneur de Varey, accompagnait à Lyon, en 1414, l'empereur Sigismond, comme ambassadeur du comte de Savoie. Il prit part aussi, en la même qualité, aux négociations qui précédèrent le fameux traité d'Arras, entre le roi de France Louis VII et le duc de Bourgogne. En 1455, il était présent, comme conseiller du duc de Savoie, au traité de Fleurs entre ce prince et le roi Louis XII.

François de Chalant, seigneur de Châtillon, chevalier de l'ordre du collier, en 1440, paraît avoir porté le premier le titre de comte de Chalant.

Jacques de Chalant, comte de Chalant, seigneur d'Aimaville, de Châtillon, de Varey, etc., chevalier de l'ordre du collier dès 1440, chambellan du duc Louis de Savoie et gouverneur de Verceil, fut présent, en 1451, au contrat de mariage de Charlotte de Savoie avec le dauphin depuis Louis XI. Ce seigneur, qui possédait des terres au comté de Bourgogne, est celui que nous avons vu en 1444, l'un des gardes du pas d'armes de l'arbre de Charlemagne; il y montait un dextrier

(1) Paradin, p. 238.

(2) La place de maréchal de Savoie venait d'être créée, Boniface de Chalant en fut le 1er titulaire de 1397 à 1410.

(3) Guillaume de Chalant consacra en 1411, l'église du célèbre prieuré de Ripaille.

« couvert d'un drap de soye bleue brodé et floreté de fleurs moult gentement » et y joûta contre « un escuyer nommé Jacques de Montagu. » (1).

Jacques de Chalant fut très-probablement père de Louis, comte de Chalant, seigneur de saint Marcel, créé chevalier de l'ordre du collier en 1465 (2).

Nommons encore, au même temps, Guillaume de Chalant, seigneur de Chastel, puis Boniface de Chalant, seigneur de Varey et de Retourtour, conseiller ordinaire d'Amé IX, ambassadeur du comte de Bresse pour son mariage avec Marguerite de Bourbon en 1471, et grand maître d'hôtel de Savoie sous la régence d'Yolande de France, en 1477.

Les alliances de la maison de Chalant répondirent nécessairement à sa haute position, de sorte qu'après les citations qui précèdent, nous pouvons dire que notre baronnie reçut une nouvelle illustration, lorsqu'elle put voir les armoiries des comtes de Chalant, mariées à celles de ses illustres seigneurs, resplendir sur le donjon élevé de l'antique château de Beaufremont. Les comtes de Chalant portaient: d'argent coupé au chef de gueulles, à une bande de sable brochant sur le tout.

Philibert de Chalant, comte de Chalant, et Louise d'Arberg, comtesse d'Arberg et de Valengin, baronne de Beaufremont.

(XVIe Siècle.)

Il paraît certain que les aînés de la famille de Chalant eurent seuls le titre de comtes de Chalant. Dans cette hypothèse, les aïeux de Philibert de Chalant seraient François et Jacques, et son père Louis, qui portèrent successivement

---

(1) Mémoires d'Olivier de Lamarche.

(2) La plupart des détails qui précèdent sur les seigneurs de Chalant, ont été puisés dans l'*Histoire généalogique de la maison royale de Savoie*, publiée par Samuel Guichenon.

'ce titre; ils furent aussi successivement créés chevaliers de l'ordre du Collier de Savoie, et Philibert recevait lui-même les insignes de cet ordre de la main du duc Charles, en 1482. Dans la liste des chevaliers, il est qualifié de comte de Chalant, baron d'Aimaville, et désigné comme gouverneur et lieutenant-général au duché d'Aoust (Aost). Si Philibert de Chalant remplissait alors ces importantes fonctions, il fallait qu'il eût déjà un certain âge, et qu'il eût donné des preuves d'une capacité et d'un dévouement réels.

Nous ignorons complétement le rôle de ce seigneur sous les différents gouvernements qui se succédèrent en Savoie, sur la fin du XVe siècle. Nous croyons cependant que ce fut lui qui assista (peut-être comme ambassadeur du duc Philippe II) au baptême d'Antoine, fils du duc de Lorraine, René II; mais alors il aurait été marié, car l'historien lorrain que nous avons cité, désigne aussi comme présente à cette fête de famille, la dame de Chalant. Il faut donc admettre l'inexactitude de la date de 1502, que nous avons donnée d'après plusieurs auteurs, pour son mariage avec Louise d'Arberg, ou bien supposer qu'il n'aurait épousé qu'en secondes noces l'unique héritière du seigneur de Beaufremont.

Comme nous n'avons aucune raison pour adopter l'une de ces conjectures plutôt que l'autre, nous dirons seulement que l'alliance de Philibert de Chalant avec la fille de Claude d'Arberg fut un véritable sujet de joie pour ce dernier, car elle lui donna bientôt un petit-fils, Réné de Chalant (1), en qui il se sentit revivre, et dont il eut la satisfaction de voir se développer les belles qualités.

Il est très-probable que Philibert de Chalant et son épouse habitèrent, au moins pendant quelque temps, le château de Beaufremont. Si ce seigneur survécut à son beau-père, ce que nous ignorons, il fut témoin des premiers succès du jeune René à la cour de Savoie, et put prévoir qu'il ferait un jour honneur à sa famille.

(1) Le duc de Lorraine fut peut-être le parrain de cet enfant.

Réné de Chalant, comte de Chalant et de Valengin, baron de Beaufremont.

(XVIe Siècle.)

René de Chalant était à peine arrivé à l'adolescence, lorsqu'il fut admis au nombre des gentilshommes de la maison du duc de Savoie, Charles III dit le Bon, qui, désirant se l'attacher, lui accorda tout d'abord, sans doute en considération de sa naissance et de son éducation distinguées, des faveurs qui ne se donnent ordinairement qu'au mérite bien reconnu.

En 1518, ce duc fit de nouveaux statuts de l'ordre du Collier, il prescrivit qu'à l'avenir, il serait appelé l'ordre de l'*Annonciade*, et qu'au pendant du collier serait représentée l'Annonciation de la sainte Vierge. Le 24 mars 1519, il créa, à Chambéry, de nouveaux chevaliers dont l'un fut René de Chalant, comte de Chalant, seigneur de Valengin, baron de Beaufremont. Le lendemain 25, on célébra la fête de l'ordre ; elle fut magnifique : douze chevaliers s'y trouvaient réunis.

Les douze cantons suisses tenaient toujours le fief de Valengin dont ils s'étaient emparés en 1512, sur Louis d'Orléans, comte de Neufchâtel (1). En 1523, ils reconnurent la justice des réclamations de René de Chalant, qui reprit d'eux cette seigneurie de ses aïeux ; toutefois, il n'en fut pas longtemps tranquille possesseur, car le comté de Neufchâtel ayant été rendu à Jeanne de Hochberg et à ses enfants en 1529, il offrit inutilement de la reprendre de la main du duc de Longueville, comte de Neufchâtel : ce prince refusa d'y consentir (2) et jouit sans doute pendant quelque temps d'un héritage auquel il n'avait d'autre droit que celui du plus fort.

(1) La maison d'Orléans et celle de Hochberg se disputaient alors le comté de Neufchâtel.

(2) Moréri et Zur-Lauben, art. Vallangin.

L'Italie était alors le théâtre des longues guerres suscitées par la rivalité de François Ier et de Charles-Quint, et il n'était guère possible à un seigneur piémontais de songer à autre chose qu'à défendre sa patrie envahie tour à tour par les armées des deux monarques. Mais si René de Chalant en éprouva quelque contrariété, il en fut bien dédommagé par les honneurs dont le comblait le duc de Savoie qui, appréciant sa bravoure, l'éleva à la dignité de maréchal de Savoie. Cette place était la première des charges militaires du duché : le maréchal de Savoie était lieutenant-général du prince en ses armées et maître de la gendarmerie, avec un pouvoir presque absolu sur les gens de guerre (1). Le comte de Chalant la conserva toute sa vie, mais après sa mort, elle fut supprimée par le duc Emmanuel-Philibert, parce qu'elle donnait trop d'autorité. Si nous nous en rapportons à l'auteur de l'histoire généalogique de la maison de Savoie, René aurait été maréchal du duché de 1530 à 1560; mais en parlant du baptême du prince Emmanuel-Philibert qui eut lieu en 1528, il dit déjà que la couverture de l'enfant était soutenue par le comte de Chalant, *maréchal de Savoie.* Il y aurait donc erreur dans l'une de ces dates. Dans tous les cas, c'est par le duc Charles III que l'héritier des Beaufremont fut élevé à cette haute dignité. Elle lui imposait de grandes obligations, nous allons voir comment il sut les remplir.

En 1534, les habitants de Genève qui cherchaient à s'affranchir de l'obéissance au duc de Savoie, demandèrent à être admis dans la bourgeoisie de Berne et de Fribourg, ce qui leur fut accordé; le comte de Chalant envoyé sur les lieux par le duc ne parvint pas à empêcher cette espèce d'alliance. Bientôt même, les Génevois se sentant appuyés, se déclarèrent pour les opinions religieuses de Calvin, chassèrent leur évêque, et déclarèrent ne plus vouloir se soumettre au duc de Savoie qu'à la double condition que l'évêque ne rentrerait pas dans leur ville, et que la plus entière liberté de conscience leur

(1) ***Histoire généalogique de Savoie,*** par Guichenon, p. 115.

serait accordée. Le duc ne pouvait admettre ces conditions : il envoya une armée contre les rebelles. Le roi de France, qui avait peut-être des vues sur Génève, envoya des troupes sous prétexte de la secourir ; François de Monbel, gentilhomme de sa chambre, les commandait. Réné de Chalant accourut aussitôt au devant de lui, l'atteignit à Veray, le battit complétement, et le fit même prisonnier. D'autres troupes françaises furent encore défaites au pays de Gex. Génève, abandonnée à ses propres forces, aurait été promptement réduite à l'obéissance ; mais les Suisses vinrent à son aide, et François Ier mettant en avant diverses prétentions sur des possessions qu'il disait avoir été usurpées sur la France par le duc de Savoie, adressa d'abord d'impérieuses réclamations à ce prince, puis lui déclara ouvertement la guerre en 1536, et fit aussitôt envahir la Savoie par une armée française.

Le duc pris à l'improviste aurait voulu défendre au moins les défilés des montagnes ; le comte *Philippe de Tornielle* et trois autres capitaines italiens avaient été envoyés par lui pour garder les passages de Suze, mais ils ne purent arriver assez tôt : les Français avaient déjà franchi les monts. Ce prince comprenant alors qu'il n'était pas en état de se défendre à Turin, sortit de cette ville avec la duchesse et le jeune Emmanuel-Philibert leur fils ; escortés par une compagnie de chevaux-légers du comte de Tornielle, ils se retirèrent à Verceil : Turin fut obligé de se rendre aux Français. L'empereur Charles-Quint ne tarda pas à entrer lui-même dans cette guerre pour soutenir le duc de Savoie ; après quelques succès, il passa en Provence, mais ses troupes y éprouvèrent des revers. La Savoie demeura aux impériaux pour une partie et aux Français pour l'autre. En 1537, il y eut cependant une trève entre l'empereur et le roi de France, puis une assemblée des députés de ces princes où le duc envoya les comtes de Chalant et de Mazin. La trève prolongée pendant trois mois, ne fit aucun bien à la Savoie, qui n'était pas plus ménagée par les amis que par les ennemis du duc.

Pendant la durée de cette guerre, Réné de Chalant fut

souvent employé aux négociations. En 1538, il se rendit successivement auprès du pape, dont la médiation fut obtenue, vers l'empereur et au camp de François Ier. Une trêve de dix ans fut enfin signée à Nice par ces souverains : elle ne devait pas avoir une si longue durée.

En 1542, la guerre recommença entre le roi et l'empereur. Le Piémont, qui en fut encore le théâtre, vit ses forteresses tour à tour prises et reprises par l'une ou l'autre armée. La bataille de Cérisoles gagnée par le comte d'Enghein termina enfin cette lutte. Le traité de Crespy en Valois (en 1544) rendit au duc de Savoie une partie de ses états ; néanmoins, les Français continuèrent à occuper le Piémont, et ce prince mourut en 1553, sans avoir pu le recouvrer. François Ier était mort en 1547.

Emmanuel-Philibert qui succéda à Charles III, comme duc de Savoie, s'était déjà distingué en plusieurs rencontres, dans les armées impériales, lorsqu'il apprit la mort de son père. Après le siége de Metz où il s'était fait remarquer, ayant reçu le commandement de l'armée, il envoya des troupes à Cambrai, afin de maintenir cette ville contre les Français qui venaient en faire le siége. Elles se trouvèrent bientôt en présence du connétable de Montmorency qui s'était avancé avec des forces imposantes pour la forcer à se rendre à Henri II. Plusieurs combats eurent lieu, et dans l'un, les Français perdirent même Brézé de la maison de Maillé, mais ils firent prisonnier de guerre le *comte d'Ave de la maison de Madruce ;* cependant ils furent obligés de lever le siége. Ce seigneur que nous avons occasion de nommer pour la première fois devint dans la suite l'un des héritiers de la baronnie de Beaufremont.

Dans le cours de la même année 1553, le maréchal de Brissac, lieutenant général en Piémont, pour le roi de France, surprenait la ville de Verceil au moyen d'intelligences qu'il s'y était ménagées, et y faisait prisonnier le comte de Chalant qui chercha inutilement à se défendre. Nous avons lieu de croire que la détention du comte d'Ave, comme celle

du maréchal de Savoie, ne furent pas de longue durée. La
perte de la bataille de Saint-Quentin gagnée par le duc de
Savoie et les impériaux, fut réparée presqu'aussitôt par la
prise de Calais; mais chacun était las de la guerre.

En 1558, des conférences s'ouvrirent pour le traité de paix
signé à Cateau-Cambresis en 1559. Par ce traité, la France
gardait les trois évêchés de Metz, Toul et Verdun, et le duc
Emmanuel-Philibert recouvrait ses états. L'accomplissement
de cette dernière clause nous fournira l'occasion de montrer
toute la considération dont jouissait René de Chalant qui,
nous en avons la certitude, avait payé de sa personne dans
toutes les occasions où il se trouva pendant les longues
guerres dont nous venons de parler.

Le traité de paix de Cateau-Cambresis fut aussi pour le
duc de Savoie un traité d'alliance. Dès le mois de juin, ce
prince avait fait demander en mariage Marguerite de France,
fille de François 1er. Il envoya, à Paris, René, comte de Chalant,
et trois autres ambassadeurs pour solliciter le consentement de
la princesse et celui du roi son frère qui leur furent accordés. La
princesse Elisabeth, fille de Henri II, épousait en même temps
Philippe II roi d'Espagne. Pendant les fêtes données à l'occasion
de ces mariages, le roi de France reçut à l'œil une blessure
mortelle. Au milieu des souffrances qu'il endurait, ce monarque donna, le 2 juillet, des lettres patentes au duc de
Guise, gouverneur du Dauphiné et de la Savoie, pour faire
au duc Emmanuel-Philibert la restitution de tous ses états.
Le 8 du même mois, ce dernier donnait lui-même pouvoir à
René comte de Chalant, maréchal et gouverneur *de Savoie, tant
deçà que delà les monts,* de prendre en son nom possession
de la Savoie. Henri II étant mort, François II qui lui succédait
confirma les pouvoirs du duc de Guise.

Le comte de Chalant partit aussitôt pour la Savoie, il arrivait
à Chambéry le 3 août. Le 7 du même mois, le président du
parlement de Savoie pour la France, Guillaume des Portes,
commis par le duc de Guise, séant en la grande salle du
château, sur un siège de velours violet, reçut les clefs de

la ville des mains du premier syndic, et les remit au comte
de Chalant qui était assis à sa gauche, lui cédant en même
temps la place qu'il occupait et où le comte siégea à l'instant
même.

Le lendemain, René de Chalant prit aussi possession du
château de Montmeillan où Romanesche commandait pour
la France, tandis que, par son ordre, Philibert de la Baume
prenait possession de la Bresse et de Bugey.

Il fallait aussi reconstituer le pouvoir judiciaire. Le 12
août, le comte de Chalant, en vertu du pouvoir spécial qu'il
en avait reçu, rétablit, sous le nom de sénat de Savoie, la
cour souveraine de Chambéry qu'il composa d'un président,
de six sénateurs, d'un avocat et d'un procureur général, de
deux greffiers et de deux secrétaires, pour juger en dernier
ressort et souverainement de toutes causes, matières d'appel
et autres dont les cours souveraines ont coutume de connaître (1).

René de Chalant avait vieilli au service des ducs de Savoie.
Les événements que nous venons de retracer sont les derniers
où nous le voyons figurer ; ils témoignent hautement que,
pendant sa longue carrière, il sut toujours mériter la faveur
de ces princes, ce qui l'honore d'autant plus, qu'elle lui fut
accordée surtout par Emmanuel-Philibert, aussi vaillant
guerrier qu'habile souverain.

Après de brillants exploits couronnés par une victoire,
une paix et une alliance glorieuses, ce duc de Savoie put
rentrer avec honneur dans ses états ; mais il ne retrouva plus
qu'un pays dévasté par de longues guerres : non-seulement
elles avaient plongé le peuple dans la misère, mais elles
avaient aussi appauvri la noblesse, que le souverain, devenu
pauvre lui-même, ne put dédommager ni de ses pertes,
ni de ses sacrifices. Si René de Chalant en sortit riche d'honneurs, nous avons la presque certitude qu'elles lui ravirent
ou lui ruinèrent la plus grande partie de ses domaines

---

(1) *Histoire généalogique de la maison de Savoie*, par Guichenon,
p. 118 et 677.

héréditaires. Ne retirant plus de ces domaines les revenus nécessaires à des dépenses hors de proportion avec sa fortune, il fut réduit à emprunter des seigneurs de Berne une somme de trente mille écus pour laquelle il leur hypothéqua sa seigneurie de Valengin (1). Il ne lui restait donc, après ces guerres, que sa baronnie de Beaufremont qui lui rapportât encore quelque chose.

En retraçant les passages qui précèdent sur la vie de René de Chalant, nous avons pour ainsi dire perdu de vue cette baronnie de Beaufremont et les événements qui se passaient alors dans notre propre pays. Mais pour les apprécier, il nous suffira d'en dire ici quelques mots.

Les duchés de Lorraine et de Bar définitivement réunis par René II, étaient passés à son fils, le duc Antoine qui, pendant trente-six ans (de 1508 à 1545), mérita constamment de ses sujets le surnom de Bon que l'histoire lui a conservé : « C'estoit, dit Brantôme, ung très-homme de bien, prince d'honneur et de conscience. » Au duc Antoine succéda son fils François Ier qui ne régna qu'un an, puis vint, pendant la jeunesse de Charles III, la régence de Christine de Danemarck, reconnue par les états assemblés dans la grande salle du palais de Neufchâteau, le 15 novembre 1545. Cette princesse, qui exerça l'autorité pendant près de quinze années, gouverna la Lorraine avec des talents et une fermeté au-dessus de son sexe. Notre pays jouissait de la plus parfaite tranquillité, lorsqu'en 1560 Charles III prit lui-même les rênes du gouvernement.

Sous les différents princes que nous venons de nommer, la Lorraine fut aussi heureuse qu'elle pouvait l'être. Pendant que la France et l'empire se livraient, jusque sur ses frontières, les combats d'une lutte acharnée, ils surent la maintenir dans une avantageuse neutralité. Notre patrie ne leur dut pas une reconnaissance moins grande pour l'activité qu'ils apportèrent à la préserver de l'invasion des sectaires qui, sous

(1) Voir Moréri et Zur-lauben, article Vallangin.

le prétexte de réformer la religion, ne tendaient à rien moins
qu'à soulever les populations contre tout principe d'autorité.
Nous savons que les hérétiques d'alors firent quelques pro-
sélytes à Neufchâteau, mais nous doutons fort qu'ils aient
laissé, dans nos villages, d'autres souvenirs que la tentative
infructueuse qu'ils firent pour surprendre la Mothe, l'incendie
du prieuré de Rinel, celui de Tranqueville et la dévastation
de plusieurs autres localités (1). L'histoire ne dit pas si le
château et la baronnie de Beaufremont eurent à souffrir de
leurs passages. Cependant la reconnaissance que l'abbé et
les moines de Saint-Évre de Toul crurent devoir faire, en
1562, de leurs droits sur une partie de Médonville, indiquerait
peut-être que ces religieux craignaient alors quelques ten-
tatives contraires à leurs intérêts.

Nous donnons ici les principales dispositions de l'acte qui
constate ces droits, il est d'ailleurs le premier, et le seul titre
que nous ayons retrouvé concernant l'administration de la
baronnie de Beaufremont sous les comtes de Chalant. Voici
cette pièce copiée et collationnée sur l'original, aux archives
de la préfecture des Vosges (2) :

« Nous René comte de Challau, baron de Beffroymont, seigneur
de Vallangin, etc. A tous ceux qui ces présentes lettres verront et
orront, Jehan du Haultoy, conseiller à Landaville et Bellefontaine,
capitaine et garde du scel de la baronnie et seigneurie dudit Beffroymont, salut.

» Sachent tous que pardevant Thiébaud Myton demeurant à
Aingeville, tabellion juré et estably en ladite baronnie, vinrent
pour et personnellement de leurs bonnes volontés, sans force, les
cy après nommez mannans, et habitans demeurants à Médonville,
lesquels ont recongnu et confessez volontairement de leur plein gré,

(1) *Histoire de Lorraine*, par Digot, t. 4, p. 196 et 197.
(2) Cette pièce, sur parchemin, existe avec d'autres papiers concernant
Médonville dans la layette cotée II., 87. Il ne reste plus, ce qui est très-
regrettable, que les deux bandes qui maintenaient le sceau du comte de
Chalant.

pures et franches volontés, sans force ni contrainte aucune, chacun endroict soy particulièrement debvoir et estre redevables, eux et leurs hoirs et successeurs et ayant cause, comme détenteurs, possesseurs des pièces que cy après sont déclarées, et envers nobles et religieuses personnes frère Jacques de Tavagny, abbé commendataire de St-Epvre de Toul, et à ses successeuus abbez, icelles pièces sçituées et assises aux lieux ban et finage dudit Médonville ; et lesquelles redebvances les cy-après nommez ont recongnu et confessé les avoir toujours payés et perpétuellement payer par chacun an audit sieur abbé, ses successeurs, au jour de feste sainct Vincent.....

Pour ne pas reproduire une trop longue énumération, disons seulement que les détails insérés dans le corps de l'acte attestent une redevance de sept gelines, quatorze blancs et cent quatorze deniers, établie au profit de l'abbaye de St-Epvre de Toul, sur vingt-sept propriétés, dont quinze maisons situées dans la Grande-Rue, la rue du Pont, la rue du Chesno et devant la Croix ; cinq jardins, dits jardins Pasquotte, Gaignot, Mulot, derrière l'Église, et en la Ruelle; une chenevière derrière l'église, deux jours de terre labourable au Puy Adenot, six journaulx en Rain-fossés, et une pièce de terre au champ Roubez ; enfin trois prés dont un en Velet Clairefontaine, un autre aux Varroys, et le 3e en la Cornaye de Grand-Pré.

Ces propriétés, formant vingt-six articles, étaient *tenues* par des familles du lieu, au nombre desquelles nous citerons les Trenchot et les Hauldel, alors fort importantes, aujourd'hui éteintes; les Morisot, Janjon, Voytrin, Rath, Perrin, Guyot, Leblanc, Pothier, Bouget, Guilgot, Marchand, Maulvais, Lallement, Gohier, Maistre, Aubertin, Virot, Masson, Rolin, Galloys, Myton, Noël, Riotte, Lance, Thierry, Cannon, Colin, Marchal, Gaudel, dont quelques-unes ont encore des descendants à Médonville ou aux environs.

Après cette énumération, l'acte se termine comme il suit :

« Promettants les dits reconnaissants par leur foy, pour en donner corporellement ez mains dudit juré, debvoir et payer les choses

susdites par chacun an , audit jour feste sainct Vincent, audit sieur
abbé , ses successeurs abbez, soubs l'obligation des dittes pièces
cy-dessus déclarées, lesquelles ils ont pourvu, soumis et obligez à la
jurisdiction et contrainte dudit sieur et de toutes autres jurisdictions
quelconques, pour en estre contraints comme pour choses congnues
et adjugées en droict et au droict, disant générales renonciations
non valloir, et en ont renoncé lesdits reconnaissants à toutes choses
que l'on pourroit dire, proposer ou alléguer contre la teneur de
ces présentes lettres. En tesmoing de vérité, Nous René comte dessus-
nommé, à la féale relacion dudit juré, avec son signe manuel mis
à ces présentes lettres, ay icelles faict sceller du scel dudit tabellionnage saulfe tous droicts, que furent faittes le 24e jour du moys
d'apvril mil cinq cents soixante-deux, en présence de Nicolas Noël
demeurant audit Médonville et Vincenot Prescheur demeurant à
Aingeville, tesmoings ad ce appelez et requis (1).

» Signé : Myton avec parafe et les scaulx de la baronnie de
Beaufremont, le titre en parchemin sain et entier. »

Ce qui prouverait encore jusqu'à un certain point que les
hérétiques d'Allemagne, fanatiques destructeurs d'images des
saints, ne s'arrêtèrent point à Beaufremont, c'est le nombre
assez grand de statues de saints et de saintes que l'on y
rencontre et qui, presque toutes, paraissent être du XVIe siècle.
Les œuvres des statuaires de cette époque, provoquées par la
piété de Claude d'Arberg, se multiplièrent sous René de
Chalant. Un de nos amis, N. Laborde de Beaufremont, a
recueilli quelques-unes de ces statues provenant la plupart
de chapelles champêtres détruites sur la fin du siècle dernier.
Plusieurs accusent le ciseau de sculpteurs intelligents. Nous
n'en connaissons qu'une qui, sculptée en ronde bosse, porte
une date et une inscription ; quoique mutilée dans quelques
parties, elle est encore digne d'intérêt. En 1525, un habitant
de Lemmecourt, Mathis Millam, et son épouse Isabel, la

---

(1) Ne pourrait-on pas induire de la fin de cet acte qu'au moment de sa
rédaction René de Chalant habitait Beaufremont, et qu'il y passa les dernières
années de sa vie ?

faisaient exécuter en l'honneur de saint Epvre, patron de
ce village. Depuis plus de cinquante ans, elle a été transportée
à Beaufremont par une personne à qui elle appartenait et
qui vint alors y résider. On la voit aujourd'hui dans le
mur du jardin attenant à la maison d'un nommé Larcher,
parent de cette personne, qui y tient comme à un précieux
souvenir de famille. L'inscription, écrite en très-belles lettres
romaines, au-dessous de la statue du saint évêque de Toul,
est ainsi conçue :

S. EPVRE.

M. MATHIS MILLAM ET

ISABEL SA FEMME

ONT FAICT FAIRE LA

PÑTE ET FUT ÉRIGÉE

A LA DILIGENCE DE

M JEAN VOIROU CURÉ

DE CE LIEU, LE 11 DE

JUIN DE L'ANNÉE

1522.

Une autre statue de St-Epvre existe à l'église de Lemmecourt ; exposée pendant longtemps dans une niche au-dessus
de la porte d'entrée, elle a été placée, depuis la construction
du clocher, en 1853, sur un modeste autel dans l'intérieur
de l'église. Les détails de cette statue et la belle exécution
du fauteuil où le saint est assis, indiquent l'œuvre d'un
habile statuaire. Il en est de même de la statue de saint
Grat à l'église de Beaufremont.

Ce fut certainement René de Chalant qui fonda, dans cette
église paroissiale, la chapelle du saint évêque d'Aost, particulièrement vénéré dans toute la vallée à laquelle cette
ville donne son nom. Voulant sans doute retrouver quelque
chose de la patrie de ses pères dans sa patrie adoptive, le
noble comte y avait apporté les pieuses traditions de sa famille,
et, entre autres, la dévotion à un saint que ses ancêtres

avaient coutume d'invoquer comme leur protecteur auprès de Dieu. Cette dévotion, fruit d'un respectable sentiment religieux, s'est perpétuée jusqu'à nos jours dans la paroisse de Beaufremont dont St-Grat est le patron secondaire (1).

René de Chalant mourut très-probablement en 1564. Si nous en croyons un généalogiste du XVIIe siècle (2), ce seigneur aurait été marié quatre fois. Il épousa d'abord Blanche Saffradon, puis en secondes noces, Mencie ou Mantia de Portugal-Bragance, en troisièmes, Marie de la Palud, et en quatrièmes, Péronne de la Chambre. Il ne laissa que deux filles, Philiberte et Isabelle, nées de son mariage avec Mencie de Portugal.

Cette noble dame descendait de la maison de Portugal par les ducs de Bragance, dont la lignée occupe encore aujourd'hui le trône. Elle eut pour père Denys de Portugal, comte de Lemos, pour mère, Béatrix de Castro, et pour aïeux les ducs de Bragance (3), Ferdinand II, Ferdinand Ier, et Alphonse, ce dernier fils de Jean Ier, roi de Portugal.

Philiberte de Châlant fût mariée à Joseph de Tornielle, seigneur milanais, comte souverain de Brionne et de Solarolle. Isabelle, sa sœur cadette, eut pour époux Jean-Frédéric de Madruce, originaire du Tyrol, comte d'Ave et marquis de Soriane. Ces seigneurs vinrent se fixer en Lorraine après leur mariage ; ils portèrent l'un et l'autre le titre de barons de Beaufremont, et possédèrent cette seigneurie en commun jusqu'en l'année 1589.

(1) Voir *Une vie de Saint-Grat*, publiée en 1854, par M. Mourot, curé de Beaufremont.

(2) Antoine de Poissons, seigneur de Fresnes, bailli de Vauvillers (manuscrit de la bibliothèque d'Épinal, n° 140). Cet auteur est loin d'être toujours exact. Il est certain cependant que Mencie de Portugal fut la seconde épouse de René de Chalant, mais son 4° mariage nous paraît très-problématique.

(3) La maison de Bragance monta sur le trône de Portugal en la personne de Jean IV, 8° duc de Bragance, en 1640.

Les Tornielle et les Madruce, barons de Beaufremont.

(XVIe et XVIIe Siècle.)

1° LES COMTES DE TORNIELLE.

La maison de Tornielle était originaire de Novare, en Italie. Les alliances qu'elle contracta et les emplois élevés qu'elle posséda dans cette contrée et en Allemagne, montrent à la fois son illustration (1).

Vers 1220, elle donnait pour épouse, à l'empereur Frédéric II, Agnès de Tornielle qui fut mère de Mainfroi, roi de Naples. Victoria de Tornielle donna le jour au pape Alexandre VIII. Philippe de Tornielle, général des armées de Charles-Quint et de Ferdinand Ier, épousa Antoinette de Gonzague. Les Visconti, les Bentivoglio, les Cassata, les Blandrates, les Pimentel, la plus haute aristocratie du Milanais, étaient alliés aux Tornielle et s'en honoraient.

Brionne érigé en comté en faveur de Melchior de Tornielle, par Galéas Sforce, duc de Milan, l'an 1488, Solarole, honoré du même titre par l'empereur Charles V, en considération des services de Jean de Tornielle, étaient deux seigneuries possédées depuis longtemps en souveraineté avec celle de Baringh : *cum mero mixtoque Imperio gladii potestate, et omni modo jurisdictione*, ainsi que portent les reprises de Raphael Guido Florius de Tornielle, fils de Melchior, du 26 juin 1488.

Les emplois de Podestat et de Patrice de Milan et de Novare, la qualité de Vicaire de l'Empire, souvent possédés par les Tornielle, et qui étaient comme héréditaires dans leur famille, font aussi connaître la considération dont ils jouissaient au Milanais.

(1) Voyez Moréri, t. 6, p. 750.

Parmi ses plus vénérables prélats, l'église de Novare compte Guillaume (1153) et Oldebert de Tornielle (1220). En 1478, Paganus de Tornielle mourait en réputation de sainteté. Jérôme de Tornielle (1510), vicaire général de l'ordre de Saint-François, composa des sermons sur les figures de la bible et divers autres écrits estimés en théologie. François de Tornielle, réformateur des cordeliers de la province de Milan, décédé en 1488, écrivit contre Luther un traité sur l'unité de l'église. Charles de Tornielle, jésuite, prononça, à Rome, le discours panégyrique de Saint Charles Borromée au jour de sa canonisation. Augustin de Tornielle, né en 1543, fut général des Barnabites et refusa plusieurs évêchés ; sa science était égale à son mérite (1).

Les historiens du Milanais parlent tous avec éloge des Tornielle, surnommés les *Ronds, Rotundi ;* ils se comportèrent toujours avec bravoure et patriotisme durant les guerres d'Italie, les divisions intérieures et les factions des Guelfes et des Gibelins.

La généalogie de cette famille est connue à partir du XIe siècle ; nous la donnerons seulement en commençant au trisaïeul de Joseph de Tornielle qui fut Jean de Tornielle, seigneur souverain de Baringh, de Brionne et de Solarolle dont sortit :

Melchior de Tornielle, comte de Brionne, seigneur souverain de Baringh, de Casalin et de Solarolle, qui de Dona Alouisia eut pour enfants, Gui qui suit ; Florius qui eut des enfants ; Manfred, général des troupes impériales en Italie, et Léonore de Tornielle, mariée à Philippe Visconti.

Gui de Tornielle, comte de Brionne et de Solarolle, épousa Lucrèce, comtesse de Becarie, dont il eut Louis qui suit ; Jean-Dominique, tué en défendant Albe-Royale dont il était gouverneur, et Zanard de Tornielle, patrice de Milan.

Louis ou Ludovic de Tornielle, comte souverain de Brionne et de Solarolle, général de l'infanterie impériale en Piémont,

(1) *Dictionnaire d'histoire et de géographie,* par **Bouillet**, p. **1780**.

épousa, en 1537, Isabelle de Saint-Georges, fille de Gui, comte de Saint-Georges au duché de Montferrat, et de Jacqueline comtesse de Valpergue, dont il eut Joseph qui, par son mariage avec Philiberte de Chalant, devint baron de Beaufremont; Hortense, mariée au capitaine Alexandre Isambard, patrice de Pavie, et Lucrèce de Tornielle (1).

La Maison de Tornielle portait : de gueulles à deux massues d'or, et au milieu de ces massues, un écusson d'or chargé d'un aigle éployé de sable, ayant une couronne d'or au col et une semblable sur la tête.

2° LES COMTES DE MADRUCE.

Nous ne connaissons guère de la maison de Madrucci ou Madruce que ce qu'en ont écrit l'historien de Thou et Moréri ; ce que nous en allons dire d'après eux suffira néanmoins pour faire comprendre que l'alliance de la seconde fille du comte Réné de Chalant ne fut pas moins honorable que celle qu'avait contractée sa sœur aînée.

Au commencement du XVIe siècle, vivait Jean Gaudence, libre baron de Madruce (2), échanson héréditaire du comté de Tyrol. Ce seigneur eut pour fils :

1° Alisprand ou Alprand Madruce, qui fut colonel dans l'armée des impériaux. C'était un guerrier plein de bravoure. En 1544, il commandait dix mille hommes à la bataille de Cerisolles; il y fut blessé très-dangereusement par la Mole, au moment où il le tuait lui-même d'un coup de pique. La pique de la Mole lui entra par la joue pour aller lui ressortir par l'oreille. Après l'action, ou trouva son corps tout nu et couvert de blessures. Il donnait encore quelques signes de vie, et fut si bien pansé qu'il guérit. Mais il était prisonnier des Français, et ne recouvra la liberté que par

(1) *Extrait*, par Moréri, *de mémoires domestiques.*

(2) Madruzzo ou Madruce, bourg avec titre de baronnie dans l'évêché de Trente.

un échange contre le seigneur de Thermes (1). En 1546, il avait repris son grade dans l'armée de Charles-Quint, où il était très-estimé et à laquelle il rendit encore de grands services en plusieurs circonstances (2).

2° Christophe Madruce, dit le cardinal de Trente, qui, après avoir fait son droit à Bologne, obtint l'évêché de Trente, sa patrie, puis celui de Brixen, celui d'Ostie et plusieurs autres bénéfices (3). En 1542, le pape Paul III lui donna le chapeau de cardinal à la recommandation de Charles-Quint, qui avait de grandes considérations pour la famille des barons de Madruce entièrement dévoués à son service. En 1546, cet empereur l'envoyait à Rome pour conclure avec le pape un traité dont le but était de ramener les protestants au giron de l'église catholique, en employant surtout *les voyes de la raison et de la douceur*. Plus tard, sous Philippe II, roi d'Espagne, il fut pendant deux ans gouverneur du Milanais. Au célèbre concile qui se tint dans sa ville épiscopale de Trente, de 1545 à 1563, il se montra constamment à la hauteur de la tâche qui lui revenait naturellement : plusieurs propositions qu'il y fit concernant la réformation du clergé, annoncent une conscience droite et éclairée. Disons en particulier que le savant cardinal de Lorraine, l'un des pères du concile, fut accueilli par lui avec une distinction toute spéciale, et qu'ils partagèrent souvent les mêmes opinions. Un de nos meilleurs historiens (4) a dit de Christophe Madruce : « C'était un génie supérieur » qui, sous Charles V et Philippe II, fut employé dans » les négociations les plus considérables en Italie et en Alle-» magne. Libéral et affable, aimant les lettres et les gens » de lettres, ce grand homme à qui on ne peut donner

---

(1) Varillas, *Histoire de France*, livre 2, et Moréri, t. 4, p. 17.

(2) De Thou, t. 1er, p. 133 et suivantes.

(3) De Thou, Moréri et *Histoire du concile de Trente*. L'évêque de Trente était seigneur de la ville et prince de l'empire.

(4) De Thou, *Histoire universelle*, t. 5, p. 478, et t. 2, p. 361.

» trop d'éloges, avait encore une candeur admirable. Une
» grande preuve de son mérite, c'est qu'il s'était attiré l'amitié
» des sept électeurs de l'empire et même des princes protestants.
» Quoiqu'il fut attaché à l'Espagne, la ressemblance des ca-
» ractères et des inclinations avait lié une amitié étroite entre
» lui et le cardinal d'Est, le plus ardent défenseur des intérêts
» de la France, en Italie, sans que pour cela ni l'un ni l'autre
» soit jamais devenu suspect à son prince. Il l'était allé voir
» à son agréable retraite de Tivoli, dans le dessein de changer
» d'air, lorsqu'accablé de la maladie, il y rendit son âme à Dieu
» entre les bras de son ami, le 7 juillet 1578. Il était alors
» âgé de 66 ans et doyen du sacré collége. Son corps fut
» rapporté à Rome et inhumé honorablement dans la chapelle
» de Saint-Onufre. »

3° Nicolas, baron de Madruce, frère de Christophe, laissa
plusieurs enfants, entr'autres Louis Madruce, qui fut fait
évêque de Trente par la résignation de son oncle, puis cardinal
par le pape Pie IV, en 1561. Louis soutint très-bien la réputation
que son oncle s'était acquise; il fut envoyé par le pape Grégoire XIII, légat en Allemagne, l'an 1482, et employé dans les
affaires les plus importantes de l'église. Ce fut lui que l'Espagne
chargea de ses intérêts dans les conclaves où furent élus
Urbain VII, Grégoire XIV, Innocent IX et Clément VIII.
Il mourut à Rome le 20 avril de l'an 1600, et fut inhumé
à Saint-Onufre. Charles Madruce, l'un de ses neveux, créé
cardinal par le pape Clément VIII, fut aussi évêque de Trente
et de Sabine. Il mourut à Rome le 14 août 1628.

Ces grands personnages issus en même temps de la maison
de Madruce, donnent à cette noble famille une illustration à
laquelle une longue suite d'ancêtres ajouterait peu d'éclat.
Jean-Frédéric de Madruce, frère, fils et oncle de ces hommes
éminents (1), pouvait donc solliciter la main d'Isabelle de

---

(1) D'après un manuscrit généalogique de la bibliothèque d'Epinal, rédigé
en 1690 par A. Poissons, bailli de Vauvillers, Jean-Frédéric de Madruce
était frère du 1ᵉʳ cardinal de Trente, père du second et aïeul du 3ᵉ, ce

Chalant, et être accueilli, comme il le fut, à son arrivée en Lorraine, parmi les membres de l'ancienne chevalerie de nos anciens duchés.

Les armes de la maison de Madruce ou Madruche étaient : d'argent à trois bandes d'azur.

1º Joseph de Tornielle et Philiberte de Chalant; 2º Jean-Frédéric de Madruce et Isabelle de Chalant, barons de Beaufremont.

(XVIᵉ Siècle.)

Si nous en croyons les généalogistes, ce fut en 1565 seulement que Joseph de Tornielle, comte souverain de Brionne et de Solarolle, épousa Philiberte de Chalant. Le mariage de sa sœur Isabelle avec Jean-Frédéric de Madruce, comte d'Ave (*Avio*) et de Brenton (*Brentonico*) (1), marquis de Soriane, eut évidemment lieu aussi vers le même temps.

Nous avons déjà vu, en diverses circonstances, les difficultés créées aux barons de Beaufremont à l'occasion de la souveraineté de Valengin. En 1565, les deux sœurs, filles de Réné de Chalant, furent encore obligées d'entrer en procès au sujet de cette partie de la succession de leur père, dont la possession leur était contestée par le comte de Neufchâtel. Après avoir pris connaissance des prétentions de chacune des parties, les quatre cantons alliés déclarèrent, en 1576, que le comte de Neufchâtel devait mettre en jouissance de la seigneurie de Valengin, dame Philiberte l'aînée, qui avait épousé le comte de Tornielle, et les états de Neufchâtel confirmèrent cette sentence.

qui est probablement inexact. Nous croyons cependant qu'il était frère du 1ᵉʳ cardinal et par conséquent fils de Jean Gaudence de Madruce et d'Euphémie de Sporemberg dont une fille, Brigitte de Madruce, épousa Jean Trauthson, tige des comtes de Falkenstein.

(1) Bourgs du Tyrol, entre l'Adige et le lac de Garde.

Mais les seigneurs de Berne, ayant obtenu adjudication de cette même seigneurie de Georges de Diesbach, gouverneur de Neufchâtel, pour la somme de 30,000 écus qu'ils avaient prêtée à René de Chalant et qui leur était encore due, la remirent au même temps, afin d'assurer leur créance, à Marie de Bourbon, duchesse de Longueville, devenue comtesse de Neufchâtel.

Isabelle de Chalant et le comte de Madruce n'ayant pas voulu se soumettre à la sentence des quatre cantons alliés de Neufchâtel, eurent recours aux neuf autres cantons suisses qui, du consentement des parties, s'occupèrent de cette affaire. Ayant examiné les investitures et les autres documents qui leur furent fournis, ils adjugèrent la souveraineté de la seigneurie de Valengin au comte de Neufchâtel, le 20 novembre 1584.

Après cette sentence, le comte de Madruce et Isabelle, son épouse, vendirent leurs droits à cette seigneurie, au comte de Montbéliard, le 26 avril 1586. Le comte de Tornielle, après la mort de Philiberte de Chalant, et son fils Joachim-Charles-Emmanuel, remirent aussi leurs droits au même comte de Montbéliard, le dernier janvier 1589. Marie de Bourbon racheta de ce comte, le 17 décembre 1592, la seigneurie de Valengin pour la somme de 70,000 écus d'or, de laquelle furent déduits les 30,000 écus qu'on avait déjà remboursés aux seigneurs de Berne. Depuis ce temps, la seigneurie de Valengin a été réunie au comté de Neufchâtel qui en dernier lieu appartint au roi de Prusse, mais qui aujourd'hui forme un canton suisse dont l'indépendance a été reconnue en 1858.

Pendant que le procès qui vient d'être rappelé se poursuivait en Suisse, le duc de Savoie, Emmanuel-Philibert, saisissait tous les moyens en son pouvoir pour récompenser les services de ses anciens compagnons d'armes. Ne pouvant leur donner des richesses qu'il n'avait pas, il leur prouvait sa reconnaissance par les honneurs qu'il leur accordait. Le 24 mars 1569, il créa de nouveaux chevaliers de l'Annonciade. Nous remarquons avec plaisir qu'il se souvint, en cette circonstance,

du prisonnier de Cambrai (1). La 4e nomination fut celle
de messire Jean-Frédéric Madruce, comte d'Ave et d'Arberg,
marquis de Soriane. Ce seigneur assistait sûrement à la
fête qui eut lieu le lendemain, jour de l'Annonciation de
Notre-Dame, patrone de l'ordre.

Ce fut sans doute alors aussi qu'il fit le voyage dont il
est question dans la note suivante retrouvée il y a quelques
années à Beaufremont, sur un feuillet lacéré d'une ancienne
vie de Saint-Grat : « Le comte de Madrusse, aïeul de madame
» Charlotte de Lenoncourt, abbesse d'Epinal, revenant
» d'Italie, et entendant parler des prodiges de Saint-Grat
» dans la Savoie, passa par le Piémont, visita le tombeau
» du saint, obtint de ses reliques qu'il rapporta dans sa
» chapelle de Bouffromont, voua à Saint-Grat sa terre dudit
» lieu, et voua aussi une procession solennelle chaque année.
» La terre de Bouffromont a été depuis ce temps toujours
» préservée des injures des saisons, tandis que les terres
» voisines non comprises dans le vœu, ont été plusieurs fois
» ravagées par des orages qui ont épargné et tellement res-
» pecté cette terre favorite, que la grêle s'est arrêtée dans
» les sillons qui la séparent des champs voisins. » (2) Cette
procession et la fête de Saint-Grat que l'on n'avait plus
célébrées, probablement depuis 1789, ont été rétablies en
1854, et se solennisent le 7 de septembre. Les anciennes
reliques ayant été perdues, M. Mourot, curé de Beaufremont
en a sollicité et obtenu d'autres, du généreux prélat qui
gouverne actuellement le diocèse d'Aost. La vénération pour
l'ancien protecteur de l'héritage des comtes de Chalant et
de Madruce continuera donc à vivre à Beaufremont, en
même temps que le souvenir de leur piété exemplaire.

L'année 1571 est remarquable dans l'histoire de notre baronnie. Un fait qui se passa alors prouve que le peuple ou,

(1) Le comte Madruce fait prisonnier par l'armée du connétable de Montmorency, en 1555. (De Thou, livre 15, p. 161.)

(2) *Vie de Saint-Grat* par A. Mourot, curé de Beaufremont, page 34.

le tiers-état y était compté pour quelque chose. (Nous ne voulons pas dire cependant que de cette époque seulement datent les franchises accordées à leurs sujets par les puissants seigneurs de Beaufremont; nous savons trop bien que leur administration fut toujours aussi digne que paternelle, et qu'ils n'avaient pas attendu au 16ᵉ siècle pour témoigner à leurs *manants* qu'ils les prenaient pour des hommes.) Les différentes coutumes qui régissaient les duchés de Lorraine et de Bar s'étaient conservées par la tradition ou étaient restées éparses dans divers recueils dépourvus de tout caractère officiel. Le duc de Lorraine, Charles III, désirant que la justice fût rendue d'une manière aussi prompte qu'impartiale, ordonna que ces coutumes seraient rédigées par les états réunis, puis imprimées afin de pouvoir être facilement consultées par tous les magistrats chargés de les faire respecter. Le 23 octobre 1571, les trois états du Barrois-non-Mouvant furent convoqués et assemblés à Saint-Mihiel, chef-lieu du baillage, pour l'élection et la nomination des députés qui devaient rédiger par écrit les coutumes de ce bailliage. Dans le procès-verbal dressé à cette occasion et où se trouvent désignés nominalement les électeurs des trois états, clergé, noblesse et Tiers-État, on lit, en ce qui concerne la baronnie de Beaufremont : Pour le clergé, « les Chanoines de Nancy, comme curés, de Médonville, Bouffroimont, etc ; » pour la noblesse, « hauts et puissants Seigneur Jean-Frédéric de Madruche, comte d'Avie, et Joseph de Tournielles, comte dudit Tournielles, à cause de leur baronnie de Bouffroimont, représentés par Maître Claude Sarrazin, licencié-ez-droits, procureur au bailliage d'Aspremont; » et pour le Tiers-État, « Denis Milot, Jean Regnard, Girard Maire, Claude Gentot, Colas Marchand, Tomassin Gohier, Jean Perin, Jean Thiéry, François Perin et Pierrot Gohier, présents pour Bouffroimont, Gendreville, Urville, Médonville et Malaincourt. » Ayant entendu la lecture « des rooles et articles des anciennes coutumes observées au baillage, » ils désignèrent neuf commissaires, trois pour chaque ordre, et se séparèrent après avoir promis « d'avoir et tenir pour agréable tout ce que par lesdits députés serait, sur ce faict, négocié et arresté sous le bon plaisir » du prince. Claude Sarrazin fut l'un des commissaires élus par le tiers-état (1). Le travail des commissaires étant terminé, fut remis le 12 décembre au bailli de Saint-Mihiel, mais il ne fut revêtu de la sanction ducale qu'en 1598, après avoir été modifié suivant les désirs de Charles III, par des magistrats de son choix.

Les membres du clergé et de la noblesse faisaient de droit partie de ces états, mais il n'en était pas de même des membres de la bourgeoisie. Nos députés du tiers-état furent donc choisis directement par l'autorité suzeraine, ducale ou seigneuriale, ou par leurs concitoyens au moyen d'une élection. Nous regrettons de ne pouvoir dire lequel de ces deux moyens fut employé pour leur désignation. Il se pourrait encore, ce que nous ignorons aussi, qu'ils eussent été fonctionnaires publics dans les localités qu'ils représentèrent ; ce qui est certain, c'est qu'ils y faisaient partie de la classe aisée, des notables, comme on les appela depuis.

Le 20 mai 1576, Joseph de Tornielle fit faire le dénombrement de la terre de Beaufremont, qui fut vérifié en la chambre des comptes de Bar. Le grand étang sous Beaufremont y est indiqué de 187 journaux (400 verges pour le journal) ; dans sa plus grande profondeur, il n'avait que six à sept pieds d'eau. Le bois du Radon, à la queue de cet étang, était de 58 arpents et demi.

De 1576 à 1589, nous ne pourrions faire que des conjectures sur ce qui se passa au château et dans la seigneurie de Beaufremont. Nous savons seulement qu'à cette dernière date, Jean-Frédéric de Madruce et Philiberte de Chalant n'existaient plus. Un auteur lorrain, François Perrin de Dompmartin, rapporte aussi d'après Calot, héraut d'armes

----

(1) *Coutumes du bailliage de Saint-Mihiel,* réimprimées en 1731, p. 76 et suivantes.

de Lorraine, que Joseph de Tornielle devint aveugle pendant sa vieillesse.

Mais les deux familles avaient chacune un unique et légitime héritier. De l'union de Joseph de Tornielle avec Philiberte de Chalant, était né Joachim-Charles-Emmanuel de Tornielle, et de celle de Jean-Frédéric de Madruce avec Isabelle de Chalant, il restait Gabriel-Ferdinand de Madruce. Ces deux jeunes seigneurs ayant des droits égaux sur la baronnie que leurs parents avaient possédée en commun, se la partagèrent au mois d'octobre de l'année 1589.

Un manuscrit (de 95 feuillets), qui est une copie exacte de l'acte dressé à l'occasion de ce partage, a été retrouvé, dans le courant de 1857, sur un des greniers de l'ancien château. Comme ce manuscrit est peut-être la seule pièce qui constate l'état ancien des personnes et des propriétés de la baronnie de Beaufremont, nous avons pensé qu'on nous saurait gré d'avoir donné, dans un chapitre spécial, le texte ou l'analyse des parties les plus importantes qui y sont traitées (1).

PARTAGE DE LA BARONNIE DE BEAUFREMONT

Entre

JOACHIM-CHARLES-EMMANUEL DE TORNIELLE
ET GABRIEL-FERDINAND DE MADRUCE.

Octobre 1589.

PROCÈS-VERBAL.

» Cejourd'huy seizième jour du mois d'octobre mil cinq cent quatre vingt et neuf, — Pardevant nous Jean de Lisle licencié

(1) Ce manuscrit est un beau cahier in-folio, recouvert d'une couverture en parchemin. Il est de l'année 1685. Très-intéressant pour les localités qu'il concerne, il mérite d'être soigneusement conservé.

• es loix, lieutenant général au bailliage du Bassigny, messire Joachin-Charles-Emmanuel de Tornielle, comte de Chalant, baron de Boffromont demandeur et poursuivant le partage du chasteau terre et seigneurie de Boffromont et ses dépendances, assisté de messire Joseph de Tornielle, comte de Salarolle, Brionne, etc, son père ; et de maistre Baptiste Estienne son advocat et procureur d'une part ; et messire Gabriel Ferdinant de Madruche comte de Chalan, baron de Boffromont comparant par le sieur Nicolas Dragon gentilhomme de la maison de madame la comtesse de Chalan sa mère et super intendant de ses affaires, assisté de maistre Mametz Collin (1) son advocat et procureur deffendeur d'autre part, nous ont produit estant au chasteau dudit Boffromont, un acte rendu au prévosté dudit lieu du treizième dudit mois soubsigné C. Thiéry, portant en substance convention de nostre personne, pour commissaire en cette partie, afin de vacquer au parachèvement des partages de ladicte baronnie en mesme pouvoir et authorité que si le sieur bailly de Saint-Mihiel ou son lieutenant y estoit ; conformément auquel acte ayant accepté la charge et nous y ayant à cet effet transporté à leur requeste et prières, après aussi que Claude Thiery auroit esté convenu pour greffier à ce négoce, nous ont lesdites parties déclaré avoir par l'advis de Jean Lariquet, Geoffroy de Gondrecourt, Demenge Tacon, et Claude Charay maistres massons et charpentiers, Claude Regnaut, et Jean Lhuillier, Nicolas Gascard, et François Ranconnel, experts entreulx convenus avec moeure délibération de cette affaire, divisé et partagé lesdits chasteau, bassecourt et ses dépendances, vignes, breuils, corvées, bois et estangs conformément au partage fait par lesdits convenus, dont la teneur sensuit au pied de nostre procès verbal, et que les choses qui ne se

___

(1) Mamet Collin fut père de noble Jean-Baptiste Collin, avocat, demeurant à la Mothe au temps des siéges de cette place, et annobli, en 1628, par le duc Charles IV, en considération de ses services et de ceux de son père. Il habita ensuite Aingeville où il possédait le fief des Gellets.

peuvent diviser demeureront en commun et en la forme que cy après, et les autres divisées en deux lots esgaux par les personnes et jours mis en teste de chacun partage comme s'ensuit.

PREMIER.

» D'autant qu'il y a trois chappelles fondées en l'esglise monsieur saint Pierre en la bassecourt du chasteau dudit Boffromont, c'est assavoir de St-Jean, saint Nicolas, et la Magdelaine, la collation desquelles appartient de patronnage layc aux sieurs dudit Boffromont, à l'advenir en sera usé de telle façon :

» Que pour ladicte chappelle saint Jean chacun seigneur pourvoyera à son bon plaisir d'un chappelain pour la moitié, pour faire faire la moitié du service suivant la fondation , et l'autre chappelain, pourveu par l'autre seigneur, faire l'autre moitié du service, et réciproquement participer aux fruits et proffits d'icelle par moitié divisément.

» De mesme sera fait pour la chappelle de monsieur saint Nicolas : chacun seigneur en cas de vaquance pourvoyera d'un chappelain, et dès à présent demeurera celle de laquelle est pourveu messire Claude Malloy du costé du seigneur comte de Tornielle pour pourvoir d'icelle en ses successions à l'advenir, comme au semblable celle de laquelle est pourveu Nicolas Collin, en demeurera aussi la collation à l'advenir audit sieur Ferdinand et ses successeurs en faisant alternativement le service.

» La chappelle de la Magdelaine en cas de vacquance demeurera à la collation de celuy qui aura le premier lot.

» Et pour son contrepartage la collation de la cure de Lemecourt, au second lot.

» Et pour la cure d'Urville qui est aussi le patronnage layc, à mesdits seigneurs, ils en pourvoyront l'un après l'autre, sçavoir : celuy qui aura le premier lot en pourvoyera en cas de vacquance, es mois de janvier, mars, mai, juillet, septembre et novembre; — Et le seigneur qui aura le second lot en pourvoyera es mois de febvrier, avril, juin, aoust, octobre et décembre.

» Que chacun desdits deux seigneurs pour sa seigneurie et moitié de la baronnie, aura son prevost, greffier, procureur, sergent, et autres ministres de justice pour estre pardevant eulx ses subjects traités en toutes actions, et pour l'exercice de quoy désignera un lieu à ce convenable pour sa part.

» Poura aussy chacun desdits seigneurs establir un mayeur, greffier, sergent, en chacun village de ladicte baronnie pour connoistre, sur ses subjects, des actions desquelles les mayeurs desdits villages ont accoustumé juger.

» De mesme poura chacun seigneur créer forestiers pour la garde de ses bois, et desquels bois ledit sieur tirera tous les proffits en provenants comme du fond, tonsure, amandes, espaves, et confiscations indifféremment, en tous cas qui y seront commis, sur quelles personnes que ce soit.

» Les pasquis, bois d'usage, rivières, lieux publics et communaux des villages en ladicte baronnie demeureront es anciens usages aux y résidans, et en commun ausdits seigneurs, pour en tirer leurs proffits conjointement sur les forains, et séparément chacun sur ses subjects, et pour la conservation des droits de quoy lesdits seigneurs feront les poursuittes à frais communs, soit allencontre desdits subjects de la baronnie ou forains.

» La chasse en toute sorte sera commune ausdits deux seigneurs pour chasser, et faire chasser chacun à sa commodité par toute la dicte baronnie, réservé que es bois et rivières particulières, chacun chassera et peschera sur le sien.

» Que les cris de feste esdits villages se publieront au nom collectif des seigneurs de Boffromont sans les dénommer par noms ou surnoms, et se commencera le premier cris de la première année après le présent partage, fait par le sergent du seigneur à qui eschera le premier lot, et prendra le sergent la permission de son mayeur seul, et à l'autre année suivante par le sergent de l'autre seigneur à qui adviendra le second lot, en continuant à l'advenir d'année à autre alternativement, et recevra le sergent qui fera les cris en son année, les proffits appartenans aux sergents à cause desdits cris.

» Pareillement le prevost de la dicte seigneurie de laquelle sera ledit sergent qui aura fait les cris levera tous les proffits que le prevost avoit accoustumé prendre es jours de festes en ladicte année, et conséquemment l'autre prevost en l'année suivante.

» De mesme les mayeurs des villages prendront leurs proffits accoustumés, d'année à autre, en suyvant chacun sa seigneurie comme dessus.

» Que chacun desdits prevost écassera (1) et adjoustera les poids et mesures sur les subjects de sa seigneurie par toute ladicte prevosté.

» Et y pourra créer des maistres de mestiers pour connoistre des mesus, abus et fautes qui se commettront esdits mestiers sur les subjects de ladicte seigneurie privativement à l'autre prevost de l'autre seigneurie.

» Et s'il advient qu'il y ayt plaintes contre plusieurs, desquels il y en ayt des deux seigneuries pour un mesme fait et de mesme mestier, la connoissance dudit fait en appartiendra ausdits deux prevosts conjointement, l'un desquels néantmoins, ou son lieutenant a deffaut de l'autre, poura régler le premier acte provisionnellement et sans préjudice pour plus après estre procédé à l'instruction et jugement par lesdits deux prevosts ensemblement, et prendra chacun seigneur l'amande et proffit sur son subject — Le cas semblable sera praticqué pour les difforains hors mis que l'amande sera aux seigneurs, commune et par moitié.

» Et s'il advient que des subjects desdites deux moitiés de baronnie ou forains soient accusés d'avoir commis ensemblement quelques cas délis, ou mesus, lesdits deux prevosts en connoistront conjointement en prenant par chacun seigneur l'amande sur son subject, et les officiers leurs droits

---

(1) *Ecaisser* ou *équesser*, mot patois signifiant égaliser, ajuster des poids.

sur iceluy et en communs sur les forains comme il est dit cy devant.

» Le signe patibulaire audit Boffromont demeurera commun, comme et en la forme qu'il a esté d'ancienneté pour toute la baronnie, en l'entretenant à frais communs. Que sy toutes fois il se trouvoit quelques cas commis par un des subjets ou autres, et que par sentence il deust estre exécuté à autre part qu'audit signe patibulaire, pour l'énormité du fait ou autres considérations, se poura faire sans que tel act et exécution puisse estre tiré en conséquence ou préjudice à l'autre seigneur duquel la justice ne connoistra n'y autres droits de communauté audit signe patibulaire, et seront néantmoins tenus les subjects des deux seigneurs y assister en armes, comme sy l'exécution se faisoit au signe patibulaire, comme sera dit en l'article suivant.

» Seront tenus les officiers et tous les subjects de l'une et de l'autre des seigneuries en commun assister en armes, à la manière accoustumée, aux exécutions de justice criminelles, soit que le jugement ayt esté rendu par l'un des prévosts, ou par tous deux ensemble ; que sy toutes fois l'exécution se fait sur jugement rendu par l'un d'iceulx prevost, iceluy ou les officiers de sa seigneurie advertira les autres de l'autre seigneurie computament, pour y assister ensemble et commander à leurs subjects sy trouver aux peines accoustumées.

» Que toutes monstres assemblées en armes ou autrement se feront en commun, soubs l'hauthorité des seigneurs, ou bien sy c'est en communauté de village, ce sera de l'ordonnance des deux mayeurs.

» Le seel ancien de ladicte baronnie demeurera commun pour seeller tous actes et instruments accoustumés à estre seellés comme d'ancienneté, et sera gardé alternativement et par mois, par les prevosts ou commis à la garde d'iceluy, pour chacune seigneurie et a chacune requeste des tabellions seeller les contraux et instruments, soit qu'iceulx ayt esté receus par l'un ou l'autre des tabellions des dictes seigneuries.

» Et chacun desdits seigneurs establira un tabellion pour recevoir les instruments publics en sa seigneurie, en la forme que cy après, scavoir que celuy qui vendra son immeuble ou eschangera, ou s'obligera, ou bien par traité de mariage, sy c'est l'homme se contractera par devant le tabellion de sa seigneurie, encore que la femme ou fille soit de l'autre.

» Et sy c'est un forain qui traitte mariage ou autres choses avec une femme ou fille de ladicte baronnie, ce sera pardevant le tabellion de la seigneurie où réside la femme ou fille. Et sy par eschange, accord, ou transaction ils se contractent entre plusieurs personnes desquelles il y en ayt desdictes deux seigneuries, le premier des tabellions poura recevoir le contract par prévention, en faisant duplex instrument, et rendant à l'autre tabellion ce qui luy poura advenir pour son droit, les peines, cire et parchemin de celuy qui aura receu l'instrument premièrement prises.

» Et sy c'estoit plusieurs forains qui contractassent, passassent procuration ou autres choses, sans qu'il y en ayt de ladicte baronnie, le premier tabellion poura recevoir l'instrument sans rien restituer à l'autre.

» Item chacun desdits seigneurs jouyra sur ses subjects de tous les droits de forfuyances, formariages, tailles à volonté, fours, guets, corvées, charrues, charois, ligniers, faucilles, faulx, fourches et autres corvées à bras, ensemble de toutes autres redevances personnelles ou à cause des chaseaux, desquelles lesdits subjects en chacune seigneurie sont tenus privativement des subjects du conseigneur.

» Sy un subject de ladite baronnie s'en va demeurer ou se marie dehors, il prendra la permission de son seigneur seul.

» Que le grand estang au dessoubs dudit Boffromont avec le petit estang appelé le réservoir (1) suivant leurs dépendances, chaussées pavées, et autres ses aisances demeureront et s'entretiendront en commun, fort et réservé que

____

(1) Étang de réserve.

le bastiment appelé la Carpière demeurera comme il a esté divisé entre lesdits seigneurs au chapitre de Boffromont.

» Pour alleviner lequel grand estang, chacun desdits·seigneurs sera tenu de fournir et mettre douze milliers d'allevains, cinquante mères carpes, cinquante brasmes, six bauces de poisson blanc, dedans la feste de Noël immédiatement suivant ladicté pesche, et aux Pasques suivant deux milliers cinq cents de remises, et la dernière qu'est précédente celle de ladicte pesche, sept cents et demy d'esguilles de brochets alias, et à faute de quoy, sera loisible à celui qui aura satisfait de sa part entièrement en suppléant le deffaut de l'autre partie, y faire mettre audit estang, le surplus de ce qui manquera, pour parluy en tirer le proffit proorata et au dire des gens à ce cognoissans.

» De mesme prendront conjointement le proffit dudit réservoir et l'allevineront et entretiendront suivant les commodités.

» Et quand aux deux estangs plus bas que le réservoir qui sont celuy de Lemecourt, et l'Estanchotte, sont partagés comme sensuit, sçavoir : que celuy de Lemecourt demeurera au second lot pour l'entretenir par le seigneur à qui il adviendra et en tirer tous les proffits privativement à l'autre seigneur qui aura en contrepartage au premier lot, l'estang de l'Estanchotte pour en tirer aussi seul les proffits de pesches et autrement, et n'y poura faire pour chacun an qu'une pesche entière, sinon en cas d'urgente nécessité, et encor à charge de ne mettre l'eau sy basse que le moulin ne puisse mouldre ou qu'il s'en accorde avec le musnier ; et s'entretiendront les chaussées et moulins dudit estang à frais communs.

» Tireront le proffit du labourage dudit grand estang après chacune pesche en laissant jouyr les habitants dudit Boffremont de leurs droits anciens (1).

---

(1) Quand l'étang de Beaufremont n'était pas empoissonné , les seigneurs cédaient le terrain aux habitants de la commune pour 5 livres par journal. Des individus des villages voisins venaient en louer aussi des portions au même prix.

» La thuillerie et ses despendances demeurera en commun pour lesdits seigneurs, à charge de l'entretenir à frais communs, et s'en feront les enchères, par les officiers desdits deux seigneurs, au devant de la croix du village dudit Boffromont, le jour de St Jean seconde feste de Noël, à issue de la grande messe comme de coustume.

Partage et division du chasteau et bassecourt de Boffromont avec le jardin et parterre du dessus joindant audit chasteau, etc.

POUR LE PREMIER LOT.

» La première portion aura pour sa part dudit chasteau et bassecourt asscavoir, tout le devant dudit chasteau consistant tant en porterie que porte pont, pont levy, platte forme, tour, la barbacanne par où on va à la bassecourt, la chambre haute sur l'entrée de ladicte barbacanne, les escuries, la grange, et pressoir, les chambres suivantes avec la chambre au four qui sont à main droite en entrant au chasteau, à laquelle chambre au four y a une muraille estant de bas en haut qui fera la séparation d'icelle première, et la deuxième portion.

» Plus de l'autre costé à main gauche, une escurie avec les greniers dessus, la montée et à avix (1) par où on monte audit grenier, une grande place vuide estante entre lesdictes escuries et le vieux losgis, le susdit vieux losgis comme il se contient jusques à la muraille qui sépare ledit vieux losgis et la salle commune, laquelle muraille sera de bas en haut qui fera la séparation d'icelle première et la deuxième portion, le tout que dessus de bas en haut, de fond en fond, de sa longueur et largeur, comme les lieux s'extendent, comportent et contiennent. Item en la cour se fera une bonne muraille

____

(1) Escalier à *vis*, ou tournant en spirale, autour d'un noyau de pierre ou de bois qui en soutenait les marches.

de quatre pieds d'espaisseur prenant au bout de la muraille de séparation dudit vieux losgis, et tirant à ligne droite parmy la petite chambre qu'est au devant du dit corps de losgis, jusques contre la montée à avix qu'est de l'autre costé de la cour, sans toutes fois touper n'y empescher l'huis et entrée de la chambre au four, n'y aussi du dedans dudit avis en prendre plus que d'un pied et demy, afin de ne discommoder ledit avix, et le rendre inutile pour l'autre partie. Et d'autant que ladicte muraille ne rencontrera directement celle de séparation à cause dudit avix, aussy quelle seroit par trop triangle environ de deux pieds, il se fera, sur la chambre au four, un pand du dedans pour rencontrer ladicte muraille le plus proprement que faire se pourra selon l'advis du maistre masson qui fera la muraille à ce cognoissant, laquelle muraille se fera aux frais des deux parties jusques à la hauteur de quarante pieds au dessus du pavé. Et cas advenant que l'une des parties ou l'autre veuille bastir contre et sur icelle muraille, faire se poura la haussant de telle hauteur qu'il luy sera de besoing outre les susdits quarante pieds, à ses frais et despens, luy estant loisible, en la susdicte rehaussée, y faire des tesmoins à jour jusques à ce que son voisin luy aura payé et satisfait la mise de ladicte rehaussée aux taxes des gens à ce cognoissans.

» Item chacune des parties poura bastir sur sa part, à toutes ses commodités, sans toutes fois préjudicier à son voisin. Item aussy sera tenu chacun de porter et conduire ses eaux sur sa part tant de toiture qu'autrement sans préjudicier à son voisin. Que tous huis et fenestres prenans jour ou entrée sur son voisin se toupperont de massonnerie aux frais des deux parties. Item aura encor icelle première portion toute la place et commodité qu'est audevant de la porte dudit chasteau, avec le colombier, comme le tout se compose et contient.

» Item la haute tour couverte d'ardoise sera aux deux parties es conditions cy après déclarées, assçavoir qu'icelle première portion aura le troisième estage de ladicte tour pour s'en servir à ses commodités, demeurant la montée et avix commune, sçavoir depuis le bas jusques en haut sauf et réservé qu'audit avix, il s'y fera de bonnes portes par chacune partie endroit soy, pour se fermer l'un contre l'autre, afin que l'une partie ne puisse aller sur l'autre, sinon pour aller à la lanterne de ladicte tour, ou bien de mener quelque prisonnier en la prison, demeurant à la deuxième portion le premier et second estage au dessoubs du troisième pour s'en servir à toutes ses commodités. Et a, icelle première portion, la cave de dessous ladicte tour. Et quant au dernier estage où est la cage et prison, il demeurera commun pour les deux parties pour y mettre les prisonniers et délinquans dont les seigneurs en auront chacun une clef et non autrement. Aussi au passage pour aller à la toiture se fera une porte qui se fermera avec deux clefs et les seigneurs en auront chacun une. Et quant à la toiture et couverture, elle s'entretiendra par moitié, en ostant dès maintenant à la première requise de l'une des parties ou de l'autre, les lucarnes qui sont au pand de ladite toiture et remettre les pands tout pleins, ne laissant que la lanterne pour y faire le guet quand de besoing sera. Encore aura icelle première portion, pour sa part de la bassecourt, à sçavoir : la moitié de ladicte bassecourt, la prenant en droit de soy qu'est le costé du village, partageant ladite bassecourt de sa longueur suivant les marques et limites pour ce faites tant contre la muraille des granges d'embas que contre celle de la chapelle, et sur la contrescarpe du fossé du donjon. Des paux plantés en terre ou esdictes marques, il sy fera une muraille de trois pieds d'espaisseur et de vingt cinq pieds de hauteur, laquelle se fera aux frais des deux parties. Et qu'au cas advenant que l'une des parties ou l'autre veuille bastir contre et sur icelle muraille, faire se poura en rehaussant ladicte muraille de telle hauteur qu'il lui sera de besoing, outre les vingt cinq pieds, à ses frais et despens, luy estant loisible de faire en laditte rehausse des tesmoins à jour jusqu'a ce qu'on luy aura payé et satisfait la mise de ladicte rehausse, en batissant un chacun desdictes parties sur sa part à toutes ses commodités, sans toutes fois préjudicier à ses voisins. Et pour le regard de la chappelle chacune desdictes parties poura abattre sa part sy bon luy semble, avec la permission de qui il appartient.

» Encor aura icelle première portion, pour sa part du parterre, le costé vers le village qu'est du droit de sa part dudit chasteau, jusques aux marques et limites pour ce faites, et ce couppera du carré pour tourner les chars et eslargir le chemin en cet endroit, lequel chemin se continuera de la largeur de vingt cinq pieds à prendre depuis la muraille dudit parterre jusques à la longueur du grand parterre tirant à Aulnoy; sera néantmoins loisible à celuy qui aura cette portion de détourner le chemin qui passe joindant le colombier tirant par devant la maison des héritiers Grat Gascard droit audit carré du jardin, et le faire passer drés la rue, entre ladicte maison Grat Gascard et la Grange des Tailles, traversant les jardins droit audit carré, en acheptant par luy l'héritage pour faire ledit chemin de ceux à qui il appartiendra, pour après enfermer le colombier et maison, sy bon luy semble, et en ce cas, ledit carré du jardin demeurera en son entier.

» Ce mesme partage aura pour sa part du jardin de dessous la bassecourt dit autrement sur le Pierot (1), celle qui aboutit sur la rue du costé et joindant à Nicolas Gascard, et entre iceluy et sur le chemin qui se prend sur la contrescarpe et jusques aux bornes qui ont esté mises joindant au second lot dudit jardin. »

A ce premier lot devait aussi écheoir :

« La grange de la carpière, la courcelle joindant le corps de logis de dessous à main gauche, le four, la cuisine, la despence et la chambre joindant, sans toucher à la dernière en laquelle n'y a aucune cheminée, avec le meix en despendant embas et entouré de muraille, avec les deux closeaux sçavoir le closeau vulgairement appelé le closeau de devant, tirant à la Thuillerie, fermé de hayes vives, joindant l'estang et le chemin d'une part, et le pasquis dudit Boffremont

---

(1) Ailleurs c'est sur le *pixot.*

d'autre, et l'autre closeau du costé de Lemecourt derriere ledit gagnage de la carpière, avec trois jours de terre labourable joindant, contenant ledit closeau et terre labourable, cinq jours un quart, contre le second lot auquel appartiendra seulement ladicte chambre avec son pas d'asne ruiné, et la somme de mil francs, pour la solte et mieux valuë tant desdictes grange, bastiments, que pour lesdits deux closeaux et trois jours (1). »

SECOND LOT (2).

« La deuxième portion aura pour sa part dudit chasteau, assçavoir : tout le corps de losgis d'enhaut depuis la muraille qui sépare ledit corps de losgis et le vieux jusques à la muraille et closture dudit chasteau, ledit corps de logis consistant tant en chambre que cuisine, tours et pavillons, puits et terrasse; encore aura l'autre petit corps de losgis consistant tant en avix, la cuisine et poile joindant, le tout que dessus desdits corps de losgis, de bas en haut, de fond en fond, et de leurs longueur et largeur comme les lieux s'extendent, comportent et contiennent. Item la muraille de séparation de la cour se fera comme il est déclaré en la première portion, et es mesmes conditions; encor aura les deux premiers étages de la haute tour sur la cave, pour s'en servir à toutes ses commodités, faisant ses entrées sur sa part, n'ayant aucune entrée par l'avix, sinon qu'au pied d'icelle, par une petite porte qu'est du costé de la salle commune pour aller à la lanterne ou en la prison, lesquels sont communes et s'entre-tiendront par moitié, comme le tout est spécifiié et déclaré en la première portion et es mesmes conditions. Item tous huis et fenestres ayant entrées et jour sur son voisin se toupperont de

---

(1) Cette grange de la carpière a été depuis remplacée par la *marcairie*, sur la chaussée du grand étang.

(2) D'après les détails de ce partage, le second lot est celui qui est vers Aulnois. Les armoiries trouvées dans cette partie prouvent qu'il fut celui de M. de Madruce, et en dernier lieu aux d'Alençon.

massonnerie, et ce aux frais des deux parties. Sera tenu icelle
portion de porter et conduire ses eaux sur sa part, sans préjudicier à son voisin. Et pour l'esgard de la bassecourt, icelle
portion aura l'autre moitié qu'est allendroit de soy. Et se fera
la séparation comme le tout est declaré en la première portion,
et es mesmes conditions.

» Item icelle deuxième portion fera ses entrées et portes,
porteries tant du donjon que de la bassecourt, sur sa part,
comme bon luy semblera selon ses commodités ; et pour ce
faire, il aura un chemin commun assçavoir toute la contrescarpe du fossé commençant dès le village à l'endroit de la
maison Nicolas Gascard et tournant à main gauche vers et
jusques à la vigne, et tout le long de ladicte vigne jusques
à la corvée qu'est en haut, ainsy qu'il est marqué. Et quand
il viendra à ladicte corvée, il se prendra depuis le carré
de la muraille du parterre joindant dudit chasteau, assçavoir
sept toises de longueur dedans ladicte corvée, et au carré
de la muraille du dessus dudit parterre, trois toises tirantes
à ligne droite jusques embas contre la vigne, pour faire une
place devant ledit chasteau et y ériger et dresser un colombier,
ou en faire ce que bon luy semblera, continuant son chemin
joindant et au long dudit parterre de vingt-cinq pieds de
largeur, à prendre depuis la muraille dudit parterre en tirant
tout allentour jusques au village d'en haut qu'est au devant
dudit chasteau, lequel chemin sera commun pour y passer
et repasser à tous leurs bons points, comme bon leur semblera tant par le haut que par le bas. Et pour le regard
de la dicte corvée et vigne estant joindant audit chasteau,
icelle portion aura sa part joindant et endroit de soy ; après
que les susdits chemins et place seront pris et distraits,
desdictes corvées et vignes lesquelles corvées et vignes, se
partageront par laboureurs et gens à ce cognoissant pour
en donner à un chacun selon sa cotte et advenant, laissant
entre les deux héritages et corvées un chemin de dix pieds
de largeur tout le long desdites corvées jusques à la haye,
et pour retourner par le bout sur et en la sente d'Aulnoy, pour

aller la première portion, en sa part de la vigne, avec chars et chariots et autrement y passer à tous ses bons points.

» Et donnera, cette portion pour mieux valuë et solte attendu qu'elle se trouve meilleure tant en bastiment qu'autre commodités, à l'autre portion, la somme de quatre mils cinq cents francs.

» Plus aura le présent lot pour sa part du jardin dessous la bassecourt, autrement dit sur le pixot, celle qui aboutit sur la dite vigne et aux héritages des particuliers jusques aux bornes posées contre le premier lot.

» Item, la première chambre de la carpière avec son pas d'asne ruiné, de sa largeur, extenduë, et ou il fera ériger une porte pour y entrer, avec la somme de mil francs pour mieux valuë tant des granges et autres bastiments joindant les closels et trois jours de terre mentionnés au premier lot. »

PROPRIÉTÉS ET REDEVANCES.

Nous croyons devoir ici faire connaître par une analyse très-succincte, les propriétés que possédaient les seigneurs de Beaufremont, à l'époque du partage de 1589, les redevances qui leur étaient dues, et en même temps les maisons et les divers héritages entre lesquels ces redevances étaient réparties. Nous prenons les villages qui composaient la baronnie, d'après l'ordre suivi dans le manuscrit qui nous fournit ces renseignements.

1° BEAUFREMONT ET LEMMECOURT.

PREMIER LOT.

A ce premier lot étaient attribués :

VIGNES.

Neuf jours et demi dans la vigne avoisinant le château, à prendre du côté d'Aulnois.

TERRES.

Saison de Cronvaux (1). Onze jours de terre labourable formant la moitié de la corvée de dessus les Tours ; treize jours et demi à la corvée du Bovreil : cette corvée contenait vingt deux jours et demi. La moitié de quatre jours, contenance de la corvée dite dessus la Haie.

Saison de Moyemont. La moitié de vingt quatre jours formant la totalité de la corvée de la Combe. Douze jours, moitié de vingt-quatre composant la corvée de la Borde (2) à prendre du côté du ruisseau. Environ deux jours et demi, moitié de la petite corvée de la Borde, au-dessus de la précédente. Enfin six jours et trois quarts à la corvée de Boutemont.

Saison du Colombier. Toute la corvée dite du Poirier, de dix jours et demi. La moitié de la corvée de la Bergerie (3), de six jours en totalité. Six jours, moitié de douze, à la corvée des Noyers. Et enfin cinq jours trois quarts, moitié de onze jours et demi, à la corvée des Essarts.

Total des terres, pour les trois saisons, quatre-vingt-cinq jours.

PRÉS.

Treize fauchées à prendre dans le Breuil.

Une fauchée et demie, moitie de trois, en l'Étang, finage de Lemmecourt.

La moitié de trois quarts en la Courtillotte ou Boutemont.

Total des prés pour le premier lot : environ quinze fauchées.

(1) Les héritages indiqués comme étant d'une même saison étaient emplantés chaque année de grains de même nature. L'assolement comprenait trois années : la première pour le blé, la seconde pour l'avoine ; la troisième était l'année de versaine.

(2) Lemmecourt, sous le sentier de l'Étanchotte.

(3) Sous le paradis à Lemmecourt.

BOIS.

Trente-trois arpents de bois à prendre dans 69 arpents 3/4 au Radon (1).

Cinq cent soixante arpents à prendre en la forêt du Fayel (2), entre les terres de Gendreville, celles de Beaufremont, le chemin de Beaufremont à Médonville et l'autre lot. (La totalité du bois du Fayel était de 1300 arpents trois quarts, à raison de deux cent cinquante verges l'arpent, la verge de dix pieds selon la mesure du Barrois.) « Ce lot, dit l'acte de partage, a la moindre quantité en fond, parce qu'il est meilleur audit endroit que sa contrepartie, et que cette dite partie a de son côté le bois de la Taille, finage de Malaincourt, qui contient huit vingt arpents, en contre-partage du bois de Chevegney, finage dudit Malaincourt, lequel ne contient que cent arpents, afin de compenser et esgaller l'un des partages à l'autre. »

Total des Bois, 593 arpents.

Les chaseaux (3) pour ce premier partage ou lot consistaient en vingt maisons, dont deux franches, quatre chambres, cinq places à bâtir (l'une dite la place de la halle), un jardin, une chenevière et une propriété dite le Haut des chenevières. Les maisons étaient situées comme il suit : cinq maisons et une chambre rue du Pixot, joindant le jardin sous la bassecour du château ; cinq autres maisons rue de Poirier-

---

(1) Ce bois a été défriché et converti en terre labourable.

(2) Aujourd'hui forêt de St-Charles, possédée par plusieurs individus.

(3) Le partage des chaseaux de Beaufremont et Lemmecourt fut fait sur le rapport de Nicolas Gascard, François Ranconnel, Claude Regnault et Jean Lhuillier, experts choisis et assermentés pour ce travail, auquel ils procédèrent les 17, 18 et 19 octobre 1589, en présence des parties nommées au procès-verbal.

Le mot chaseau signifie encore dans les environs de Remiremont, *emplacement, sol d'un édifice.* (Voir le *Dictionnaire patois-français* de M. Petin, curé de Saint-Nabord.)

le-Loup; quatre, rue du Paquis; deux maisons et une chambre rue de l'Eglise; enfin deux chambres et quatre maisons à la montagne, l'une de ces dernières située sous le colombier, se composait de trois chambres basses, une salle en haut, une courcelle (petite cour) et un jardin, elle était voisine de la *souffrenière* et de la rue qui tire de la montagne à l'église.

La totalité des redevances dont ces différents chaseaux étaient chargés était de trente poules et douze gros (1).

Les chaseaux étaient pour ce même lot, à Lemmecourt; deux maisons, une chambre et des étableries rue du Paquis (côté du nord); quatre maisons, une chambre et six places rue du Moustier; une maison et deux chambres rue du Borderot, joignant le chemin tirant aux vignes. Ces sept maisons et autres propriétés étaient chargées d'une redevance totale de douze poules et trente-deux deniers, pour la rente dite du *Chenil des chiens*.

(1) Les habitants de Beaufremont nommés dans notre manuscrit sont : Grat des Bœufs, Nicolas Breton, Mougin Breton, Nicolas Bouchier dit Guenin, Nicolas Crollot, Francisque Denys, veuve Jean D'hoste, Nicolas Ferdinel, Jean Florentin, héritiers Jean Friand *, Nicolas Gascard, veuve Jean Gascard, veuve Grat Gascard, Claudin Gérard, Jean Gérard, Jeannotte fille de feu Nicolas Gérard, Didier Ganarde, François Gouger, Charles Guillemin, Nicolas Guyot, Paul Jacquemin *, Nicolas Louvier, Jean Lhuillier, veuve Benoist Lallemand, Nicolas Lhuillier, Jeannette, veuve René Lhuillier, Claude Louard, Jean Mathis, héritiers Jean Millot, Demange Millot, Vaultrin Millot, héritiers Louys de Pouche, Jean Pierrenel, veuve Nicolas Riotte, François Ranconnel, Claude Regnaut, veuve Roch Regnaut, Mansuy Sollier, Philippe Thouvenot, veuve Mathis Thourot, Denys Vaultrin, Nicolas Vaultrin, Jean Vaultrin, Mariotte veuve Gérard Vaultrin, Marc Vaultier et Edeline sa femme, Catherine Vautier, Jean-Pierre Villier, Jean de Ville *.

Tous, à l'exception des trois indiqués par un astérisque * sont désignés comme habitant une des maisons du village dont ils étaient pour la plupart possesseurs. On ne retrouve plus à Beaufremont que les familles Gérard et Villiers, encore, n'est-il pas certain qu'elles y soient anciennes, ni qu'elles descendent des individus mentionnés dans notre manuscrit. La famille Guyot qui y était importante autrefois, s'y est éteinte depuis peu.

Une autre recette de huit poules et quatre-vingts œufs payables le premier jour de mai, était affectée sur six chenevières et deux jardins du même village.

Huit chapons, dus le lendemain de Noël étaient assignés sur différents héritages dont un pré en Saurière; une place Colotte en la rue de la Montagne, possédée par le Sr Comte de Tornielle; l'usuaire du devant d'une maison vis-à-vis l'église, une maison de la rue du Poirier-le-Loup, et deux jours de terre en la *Voiruille*.

Six autres chapons, dus à la même date, était assignés sur le pré de l'Olivotte (Lemmecourt), et sur une chenevière avec arbres, joignant ledit pré, appelée la Bergerie (1).

Il y avait aussi les chapons de *sergenterie* et de *bourgeoisie*. Le sergent de la dite seigneurie devait payer trois chapons, moitié de six dus annuellement par le sergent de la mairie de Beaufremont avant la division. Deux chapons de bourgeoisie étaient imposés, l'un sur Bastien Belliot de Lemmecourt, et l'autre sur les héritiers Nicolas Cottel et Jean Toussaint.

« Et pour le regard du porc gras deus d'ancienneté par le mayeur dudit Boffromont, attendu que par la division et partage, chacun des seigneurs aura son mayeur, iceluy mayeur payera à son seigneur, un porc ou la somme de six francs, à son choix. »

« Les subjets compris en ce présent lot payeront neuf porchots au seigneur à qui ledit lot appartiendra, qui se lèveront entre lesdits subjets bien tenant comme d'ancienneté. »

Enfin, des cens en argent à payer « chacun an le dimanche immédiatement suivant la feste de l'Apparition en janvier, dit les Roys, » étaient assignés sur les héritages ci-après : quatre blancs sur et pour les Escrugrottes (2) et deux journaux de terre derrière Lemmecourt ; quatre deniers sur un autre champ du même canton au-dessus du chemin de Lemmecourt

(1) Aujourd'hui le Paradis.

(2) Nous pensons que c'est *Escargottières*, terrains pierreux ou se multiplient les escargots.

à Neufchâteau ; dix-huit deniers sur une pièce de terre dite à la Fosse ; un denier sur le champ Menu en allant à l'Étanchotte, et une obole sur le Paquis Jacquot de trois journaux (1).

DEUXIÈME LOT.

Les terrains composant le second lot étaient :

VIGNES.

Sept jours à prendre dans la vigne avoisinant le château, et du côté adjacent à ce lot.

TERRES.

Saison de Cronvaux. Onze jours de terre labourable, moitié de la corvée de dessus les Tours ; neuf jours à prendre dans la corvée de Bonneval (Bovreil?) ; deux jours ou moitié de la corvée dite sous la Haie ;

Saison de Moyemont. Douze jours ou moitié de la corvée de la Combe ; douze autres jours ou moitié de la corvée de la Borde, sous le sentier qui va à l'Étanchotte ; environ deux jours et demi ou moitié de la petite corvée de la Borde sous le chemin de Landaville, et six jours seulement à la corvée de Boutemont, côté du dessous.

Saison du Colombier. Huit jours trois quarts, totalité de la corvée dite derrière chez Perrin ; trois jours ou moitié de la corvée de la Bergerie ; cinq jours trois quarts, moitié de la corvée des Essarts à prendre *devers le rup* de Felezin, et six jours ou moitié de la corvée des Noyers.

Total des terres, soixante-dix-sept jours pour les trois saisons.

PRÉS.

Onze fauchées et demie de pré à prendre au Breuil de Beaufremont du côté du chemin ; une fauchée et demie à

(1) Ce que l'on appelle encore *les Paquis,* entre l'étang et le chemin de la Marcairie.

l'étang, finage de Lemmecourt, et un quart et demi, moitié de trois quarts, à la Courtillotte ou Boutemont. En tout treize fauchées et un quart et demi.

BOIS.

Trente-six arpents trois quarts de bois au Radon, à prendre en longueur et largeur du côté de l'étang; plus au bois du Fayel, sept cent quarante arpents trois quarts, aboutissant d'un bout sur l'autre portion au sud-est, et sur les bois de Lemmecourt et Jainvillotte pour l'autre bout (1). Cette partie du Fayel était plus considérable que la première par les motifs qui ont été cités plus haut. — Total des bois, pour ce second lot, 777 arpents et demi.

Le partage des chaseaux de Beaufremont donnait à ce second lot, vingt-deux maisons, quatre chambres, trois places à bâtir, deux jardins, deux chenevières et un usuaire de maison. Ces propriétés étaient réparties comme il suit : deux maisons et une place en la rue du Pixot; deux maisons, une chambre et un jardin, rue du Poirier-le-Loup; dix maisons, deux places, une chenevière et un meix (2) rue du Paquis; quatre maisons, une chambre et une place rue de l'Église; quatre maisons, une chambre et une place à la montagne, rue du Puits. Le tout chargé d'une redevance annuelle de trente et une poules.

Les chaseaux de Lemmecourt pour ce second lot étaient : deux maisons rue du Paquis, côté de la Carpière (étang); une maison, deux chambres et un meix rue du Borderot; quatre maisons, deux chambres rue du Moustier; une maison, deux chambres, quatre places rue la Haie-la-Traye, et une pièce de terre à la Coube Saulce (3), chargés d'une redevance

---

(1) Cette portion est connue sous le nom de Bois-la-Dame; elle appartient aux héritiers de Mme de Villers, née Thérèse d'Alençon.

(2) Jardin potager.

(3) Ou *Combe Saulce.*

totale de douze poules et vingt-quatre deniers (1). (Les redevances des maisons de la rue du Paquis, de deux poules
et huit deniers, sont appelées la rente du *Chenil des chiens.*)

D'autres rentes au même village, payables le premier
jour de mai, se composant en tout de huit poules et demi
et quatre-vingt-cinq œufs, étaient affectées sur six chenevières (2), un jardin et deux maisons de la rue du Vignot.

Huit chapons dus le lendemain de Noël étaient assignés
sur une place de maison rue du Paquis, deux fauchées de
pré au Ballon, un jour et demi de terre dit le champ Simonet et deux autres jours sur les Bollieux, territoire de
Beaufremont.

A Lemmecourt, sept chapons, dus aussi le lendemain
de Noël, étaient imposés sur une pièce de terre de trois
jours à la Coube Saulce, sur une autre pièce de terre du
Bovreil, et sur une troisième pièce de deux jours au Paquis
Jacob.

Pour les chapons de sergenterie et de bourgeoisie, le titre
porte : « Le sergent qui sera de ladicte seigneurie payera trois
chapons, moitié de six, dus annuellement par le sergent de
la seigneurie de Boffromont avant la division. » — Un chapon
de Bourgeoisie est imposé sur Nicolas Thiéry et un autre
sur Jean Breton de la Mothe.

(1) Les habitants de Lemmecourt nommés dans l'acte de ce partage sont :
Jean Bastien, Nicolas Bastien, Bastien Belliot, Valentin Bichotte, De-
mange Cobillard, Claude Bolleville, Jean Chevillot, Nicolas Cobillard,
Nicolle veuve de Nicolas Cottel, Marguerite veuve de Claude Guyot,
Nicolas Guyot, Pierrot Guyot, Bernard Guyot, Jean Hilaire, Henry-Jean
Pierre, ou Henry Pierre, Demange Luc, François Luc, François Malgras,
Nicolas Millan, Nicolas Mougeot, Pasquis Mougeot, Jean de Nivelle, Jean
Piérot, Jean Regnanld, Thiébaut Regnauld, Mougin Thomas, Thoussaint
Roussel.

Tous, à l'exception du dernier, sont désignés comme habitant une maison
ou une chambre de ce village ; une seule de ces familles y existe encore,
c'est la famille Malgras.

(2) Chaque chenevière payait une poule et dix œufs.

Ce lot avait droit de prendre aussi, comme le premier, neuf porchots (petits porcs), moitié de dix-huit qui se levaient d'ancienneté sur les héritages de Beaufremont et Lemmecourt.

Pour le porc gras dû d'ancienneté par le mayeur de Boffromont, chacun des seigneurs devant avoir à l'avenir son mayeur, ce mayeur fut chargé de payer à son seigneur, un porc gras ou six francs, à son choix.

Enfin, trente-six deniers de cens en argent à payer « le dimanche immédiatement suivant la feste de l'apparition en janvier dit les Roys, » étaient assignés sur les héritages ci-après et comme il suit : quatorze deniers sur une pièce de deux journaux de terre en la Coube Saulce, finage de *Lemecourt :* six deniers sur un journal avoisinant le petit étang ; six deniers sur un autre journal dit le Grand-Champ ; deux deniers sur deux journaux entre le chemin de *Boffromont* et le champ de la cure dudit Lemecourt ; quatre deniers sur un closel en la haye la Traye, encloué de chemins, et quatre deniers sur une vigne de deux jours environ dite la vigne Estienne Henriot, située aussi sur le finage de Lemmecourt (1).

2° GENDREVILLE.

Le partage des chaseaux, terres, prés, rentes et autres choses du lieu de Gendreville, fut fait les 20, 21 et 22 octobre 1589, en présence des parties comparantes comme au procès-verbal, et sur le rapport des experts assermentés Gérard Maire, Nicolas Dargent, Pierre Gegout, et Thouvenin Jaulgeon dudit Gendreville.

TERRES :

Les héritages que la baronnie possédait à Gendreville ayant été tous divisés en deux parties égales, et l'une de ces parties

______

(1) La rente annuelle pour chaque maison de Beaufremont était d'une poule seulement ; pour les maisons de Lemmecourt, elle était d'une poule et quatre deniers.

étant attribuée à chaque lot, nous donnons seulement la contenance totale et la situation de ces héritages.

Saison du Vaulx. Quinze jours de terre labourable formant la corvée des Vigneulx; et la corvée de Tribauchien, de quatre jours.

Saison de la Fin-de-Roche. La corvée de Roche, la courte corvée, et la petite corvée, d'une contenance totale de trente-cinq jours un quart.

Saison de la Grande-Fin. La corvée de Jambois contenant douze jours; la corvée de la Côte–Eslin, de huit jours et demi; la neuve corvée du Fayel, de huit jours; la corvée devant le moulin, de neuf jours, et la corvée de Cotterel, de onze jours.

PRÉS.

Le pré dit le Breuil d'une contenance totale de vingt-neuf fauchées, « joindant au paquis près du pont, par-dessous. »

Terres et prés appartenant aux mayeurs à cause de leurs offices, pour chaque lot :

Mairie du premier lot. Un demi-jour de terre en Ro-burnvaux; un pré d'un char de foin au Grand-Pré; un andain au même lieu, et un autre pré d'un char de foin Entre-deux-Eaux.

Mairie du deuxième lot. Un demi-jour de terre en la côte l'Épine; un quart en la haie Lambert; un pré d'un char de foin en Launois, un autre aussi d'un char de foin au même lieu, puis encore un autre d'une moindre contenance (1).

Sergenteries. Un pré de deux fauchées, et un autre d'un quart de fauchée, en Remy-Pré, ces deux prés à partager l'un et l'autre en deux parties égales, dont l'une pour chaque sergent.

Le territoire de Gendreville avait aussi « d'autres terres censables vulgairement appelées les Quartiers, en nombre

---

(1) Ces héritages sont encore appelés les *Paquis de la Mairie.*

de trente-six, contenant chacun d'iceulx grands quartiers
seize petits quartiers de huit-vingt-six toises six pieds un
tiers. » Les dix-huit grands quartiers du premier lot se prenaient depuis le chemin tirant de Gendreville au Neufchastel,
jusques au chemin de Cordillon, et touchaient aux vignes
par-dessus. Ils étaient divisés en quatre-vingt-huit parcelles
possédées par divers individus. Les dix-huit grands quartiers
du second lot qui avoisinaient le premier lot, avaient pour
limite la haie *la Lieu*, le chemin du Neufchastel, la haie
Lambert, les jardins et la Neuve corvée; ils étaient divisés
en soixante et seize parcelles. Le titre ne dit pas à quelle
redevance étaient assujettis les détenteurs de ces quartiers.

Les chaseaux dudit Gendreville étaient, pour le premier
lot : trente et une maisons, trois masures, deux places,
onze chambres, et quatre chenevières, sur lesquelles étaient
assignées diverses redevances consistant en nonante-neuf bichets
et demi d'avoine payables à la S¹-Martin ; nonante-sept poules
et demie et nonante-sept blancs deux deniers, payables és
termes de Pâques, S¹-Remy et Noël; quatorze oisons le trois
août, et un chapon le lendemain de Noël (1).

En outre sept chapons, dus aussi le lendemain de Noël, et
assignés sur divers héritages, dont six jours de terre en la Fin
(le finage) du Neuf-Moulin ; une fauchée de pré sur le Moulin ;
une autre fauchée dite la Mairie, un jardin clos de haies
vives en Gibaru ; et trois demi-jours de terre sur le Bouchot.

Plus encore trois chapons de bourgeoisie dont l'un sur Jean
Marot de Sauville et les deux autres sur les hoirs Salomon
Morel du Neufchastel.

Les chaseaux pour le second lot consistaient en quarante-
cinq maisons dont huit franches, deux places, six chambres,
trois meix et cinq chenevières, chargées de cens s'élevant à
nonante-huit bichets d'avoine, nonante-six poules, nonante-six

---

(1) La rente pour une maison ordinaire était de trois bichets d'avoine,
trois poules et trois blancs. La demi-rente était de trois imaux d'avoine,
une poule et demie et six deniers. Le blanc valait donc quatre deniers.

blancs, douze oisons et deux chapons, payables aux termes désignés plus haut (1).

En outre une redevance de sept chapons imposés sur quatre jours de terre en Laxard de Rossel (sous les Vignes), un jour et demi dit la Treuille, en Cordillon; une chenevière dite la place Brouillard et trois demi-jours de terre sur le Bouchot.

Puis trois chapons de bourgeoisie dont l'un sur Jean Georges de Roncourt, un autre sur Martin Daguer de Sartes, et le troisième sur Liébaut Vouillemy de......

Le sergent de chaque seigneurie devait, à cause de son office, six chapons, six oisons, et un demi-porchot ou trente gros, moitié de douze chapons, douze oisons et un porchot, que le sergent dudit Gendreville était tenu de payer annuellement avant le partage.

Pour le porc gras dû d'ancienneté par le mayeur dudit Gendreville, chaque seigneur devant avoir son mayeur à l'avenir, chacun des mayeurs fut tenu de payer à son seigneur un porc gras, au terme ordinaire, ou la somme de neuf francs, au choix dudit mayeur, et aussi deux pintes d'huile faisant la moitié de quatre, dues par le mayeur dudit lieu, avant la division.

Au second lot fut encore attribué le moulin de Gendreville avec toutes ses dépendances, en contre partage du moulin de Malaincourt et ses dépendances, à charge de payer annuellement au seigneur possesseur de ce dernier moulin,

____

(1) La population de Gendreville, à cette époque, était composée par les familles Mathieu, Humblot, Dargent, Jauljon, Piérot, Carret, Larcher, Claude Péru, Fortune, Mesgnien, Morel, Robert, Regnaut, Haudel, Hairouel, Petitjean, Gegout, Vosgien, Potier, Humbert, Barrois, Riotte, Valentin, Gohier, Basard, Clément, Adam, Maire, Thouvenot, Olry, Poirson, Marchand, Morisot, Perrin, Fournier, Noël, Gravier, Mathiot, Michaut, Bassot, Tranchot, Vouillemy. Quelques-unes de ces familles, les premières en particulier, s'y sont perpétuées et y forment aujourd'hui, comme alors, une notable partie de la population.

quatre reseaux de blé, mesure de *Boffromont*, moitié à Pâques et l'autre moitié à la St-Remy, suivant les conventions faites à ce sujet entre les parties.

3° MÉDONVILLE.

Les partages pour Médonville furent faits le 23 octobre 1589, sur le rapport de Didier Tranchot marchand, Claude Haudel, Jean Maistre dit Randot, et Vaultrin Morisot, experts dudit lieu, après avoir reçu le serment en tel cas requis, et en présence des parties comparantes comme au procès-verbal.

Les héritages que la baronnie possédait à Médonville furent tous divisés en deux parties égales dont l'une pour chaque lot. La nature, la situation et la contenance totale de ces propriétés sont indiquées ci-dessous.

TERRES.

Saison des Vignes. La corvée dite de Clermont, terrain irrégulier contenant quatre jours.

Saison de Saveron. La corvée de la Combe, finage de la Mothe, d'une contenance de douze jours.

Saison du Mont. La corvée appelée la Hayotte-Saint-Martin, contenant en tout huit jours.

PRÉS.

Le Breuil de Médonville, d'une contenance totale de dix fauchées.

Les prés appartenant à la mairie étaient :

Premier lot. Un pré d'un char de foin en Grandprey ; un petit pré d'un demi-char de foin lieu dit en les Milliers, et la moitié d'un autre pré en Relantin contenant en tout un char et demi de foin.

Deuxième lot. Un pré d'un char et demi de foin en Crellet, et la seconde moitié du pré de Relantain.

Les chaseaux pour le premier lot consistaient en trente-huit maisons, deux tiers d'une maison, et dix chambres. L'une de ces maisons est désignée comme devant un chapon, et une autre, un demi-chapon. — Nous trouvons en outre comme dépendant de la *Basse Justice*, un tiers de maison, une maison et une chambre (1).

Quatre chapons étaient dus annuellement, l'un par Didier Tranchot, pour acquet de ses *prédécesseurs* de plusieurs héritages sur Jean Prevost de Gendreville, et les trois autres par Amien Haudel de Soulaucourt, la veuve Jean de Velotte et Grégoire Riotte, pour leur bourgeoisie.

Les chaseaux pour le second lot comprenaient quarante-deux maisons, huit chambres et une grange, l'une de ces maisons devant un demi-chapon; puis, pour la *Basse Justice*, trois maisons.

Un chapon était dû pour une place d'un pré dit du Vaudray, et un autre pour une pièce de terre appelée le Terme (2) du Breuil.

Enfin trois chapons de bourgeoisie étaient imposés, l'un sur Mamès Didier de........, à cause de Jeannotte sa femme, pour une bourgeoisie; le second, sur Joseph Morisot de Vaudrecourt, aussi pour sa bourgeoisie, et le troisième, sur Jean Morisot de....., « pour souffrance qu'il a de tenir aux immeubles de ses père et mère. »

On lit encore dans l'acte que nous analysons : « Les deux mayeurs des deux seigneuries lèveront conjointement les quarante-six poulles, quarante-six sols et les sept-vingt-quatre œufs deus sur la généralité du ban et finage dudit Médonville, observant la forme du passé en la cueillette des redebvances

---

(1) Les familles Morisot, Tranchot, Marchand, Collin, Maistre, Haudel, Potier, Gohier, Riotte, Marchal, Lallemand étaient les plus populeuses de Médonville; on y trouvait aussi les familles Guilgot, Vosgien, Regnaut, Ratte ou Rette, Maloy, Julbin, Thiéry, Prieur, George, Benoist, Jaulgeon, Jacquemin, Guillot ou Guyot, Bourguignon, Guivernel, Grignoncourt, Vivot, Ferry, Aubertin. Ces dernières n'y étaient représentées, pour la plupart, que par un seul ménage.

(2) Ce mot, dans le patois de Médonville, signifie *hauteur, petite colline.*

susdictes, pour en tenir, à chacun desdits seigneurs, la moitié d'icelle.

« Item, le mayeur de chaque lot payera à son seigneur la moitié du porc gras deub d'ancienneté par le mayeur d'illec, avant la division, huit francs ou un porc gras vallant lesdits huit francs, au choix dudit mayeur. »

4° MALAINCOURT.

Le partage des héritages et des droits seigneuriaux de Malaincourt fut fait les 24 et 25 octobre 1589, en présence des parties désignées, sur les rapports de Nicolas Guilgot, Florentin Collin, Pierre Boulanger et Nicolas Champion dudit Malaincourt.

La plupart des propriétés que la baronnie de Beaufremont possédait à Malaincourt ayant été jugées n'avoir pas une valeur égale dans tout leur contenu, furent partagées en parties inégales afin de compenser la valeur par la quantité. Voici ces propriétés avec la contenance attribuée à chaque lot.

TERRES.

Saison de Nauvière. La corvée de Nauvière, de douze jours, dont six jours pour chaque lot.

Saison de Busy. La corvée de la Cassic, de quatorze jours et demi, dont sept jours et demi pour le premier lot et sept jours seulement pour le second.

Saison de la Haye-Begel. La corvée de Blanchard, de douze jours, dont cinq jours et demi pour le premier lot, et six jours et demi pour l'autre lot.

PRÉS.

Le grand Breuil de Malaincourt, de vingt-huit fauchées et demie, dont quatorze fauchées pour le premier lot, et quatorze fauchées et demie pour le second.

Le Breuil sur le Moulin, de cinq fauchées trois quarts, attribué au premier lot.

Le Breuil des Partiottes, de quatre fauchées un quart, aussi au premier lot.

Le Breuil des Saulces, de cinq fauchées et demie, dont moitié pour chaque lot.

Le Breuil du Biard, de huit fauchées et demie, aboutissant sur les prés de la commanderie de Robécourt, et le Breuil-sous-la-Ville, de trois fauchées et demie, attribués au second lot!

BOIS.

Le Bois du Battre dit la Garenne (essarté), de cinquante-cinq arpents, dont vingt-sept arpents et demi pour chaque portion.

Le Bois de la Taille, « de huit-vingt arpents, joindant aux bois de Vaudoncourt d'une part et aux paquis et pasturaux d'autre, » attribué entièrement au premier lot.

Le bois de Chevigny d'une contenance de cent arpents, joignant le bois de la Taille, attribué au second lot.

Pour chaque lot, nous trouvons ensuite : « la moitié des *arrages* dudit Malaincourt qui se lèvent d'ancienneté sur plusieurs héritages, de douze gerbes, l'une par chacun an.

» Item (pour chaque lot), sept reseaux d'avoyne faisant la moitié de quatorze deus par les habitans dudit lieu pour la rente appelée *les Fleuves*.

» De mesme aussy soixante poulles et soixante œufs, faisant la moitié de six-vingt poulles et six-vingt œufs deus, à cause desdictes *fleuves*, et se lèveront comme d'ancienneté aux termes ordinaires sur les tenanciers du finage dudit Malaincourt, pour la cottisation desquelles les deux mayeurs ou commis desdits seigneurs s'assembleront pour avoir esgard pour le ject desdites fleuves d'avoynes, poulles et œufs, par chacun an, pour les jetter et lever, la première moitié par le commis de ce partage, et l'autre moitié par le député du second partage.

» Comme aussy onze gros faisant la moitié de vingt-deux, deus avec lesdictes avoynes, poulles et œufs. »

Les chaseaux consistaient en trente-quatre maisons et une

chambre, pour le premier lot, et autant de maisons avec une place dite le *Parque*, pour le second lot; ce qui donne un total de soixante-huit maisons et une chambre pour les habitations de Malaincourt (1).

Le premier lot avait en outre droit à quatre chapons de rente dont un sur une fauchée de pré dite le *terme* du Breuil, entre les Tailles de la pesche et le Cognot des ongles Regnard; un autre sur une pièce de terre de cinq jours, appelée la Buelle et sur deux fauchées d'un pré dit la Taille Jean-Vachier, enfin les deux autres sur une pièce de terre d'environ sept jours, au Cougnot-la-Vieille ou les Chaponnières, avoisinant les bois de la Vieille-Taille et de Vaudoncourt.

Deux autres chapons, dits de bourgeoisie, étaient dus, l'un par Jean Pelletier de Serocourt, et l'autre par Claude Gohier.

Les quatre chapons du second lot devaient être pris, l'un sur une portion de la maison dite la Hayotte, rue de la Croix; un second sur la pièce de terre de la Buelle et le pré dit la Taille-Jean-Vachier, et les deux autres sur la pièce de terre du Cougnot-la-Vieille.

Les deux chapons pour bourgeoisie étaient assignés sur Valantin de Vaudoncourt, à cause de Catherine sa femme; et sur Martin Leduc, de Bulgnéville, aussi à cause de Claudon sa femme.

Le sergent de chaque seigneurie nouvelle devait encore payer « la moitié des redebvances anciennes du sergent de la mairie dudit Malaincourt, et à raison, pour le porc et tout, trente gros, dont quinze gros pour chaque lot.

Enfin le mayeur de chaque lot se trouva aussi chargé de payer à son seigneur, « pour la moitié du porc gras deub

____

(1) Les familles les plus populeuses de Malaincourt étaient alors celles des Gohier, Ferry, Collin, Guivernel, Pelletier, Marchal, Thiéry, Boulanger, Drouot; les autres, presque toutes d'un seul ménage, portent les noms de Humbert, Morisot, Riotte, Lhuillier, Morreau, Champion, Guilgot, Vavin, Richard, Pierrot, Granel, Figuier, Cobillard, Bonnès, Prud'homme, Saunier, Lallemand, Thouvenot, Martin, Pinot, Desbœufs, Maistre.

d'ancienneté par le mayeur dudit Malaincourt avant la division, un porc vallant sept francs ou lesdits sept francs. »

Au premier lot échut en outre, le moulin de Malaincourt avec toutes ses dépendances, en contre partage du moulin de Gendreville et ses dépendances. « Et prendra le seigneur a qui adviendra ledit moulin de Malaincourt, quatre reseaux de bled mesure de Boffromont sur ledit moulin de Gendreville, par chacun an, à deux termes, savoir à Pasques et saint Remy, pour récompense, par ce que celui de Gendreville est meilleur suivant le partage en fait par les convenus. »

5° URVILLE.

Le partage des propriétés, chaseaux et redevances seigneuriales d'Urville fut fait les 9 et 10 janvier 1590, sur le rapport de Jean Perrin, Didier Martin, Jean Pussin et Didier Langlois, experts choisis et assermentés pour cet objet.

Les héritages ayant été partagés en deux parties égales, dont l'une pour chaque lot, nous en indiquerons simplement la situation et la contenance totale. Ces héritages étaient :

TERRES OU CORVÉES.

Saison de la Voie de Vrécourt. La corvée de la Voie de Vrécourt d'une contenance de quatre jours et demi.

Saison de la Voie d'Aingeville. La corvée du pré Génin, de quatre jours.

Cinq demi-jours de terre en la Voie de Vrécourt, terrain appelé la Mairie, appartenant par moitié aux mayeurs de chaque lot.

Cinq quarts de terre aussi en la Voie de Vrécourt, et un demi-jour en la Voie d'Aingeville, héritages appartenant par moitié aux sergents.

Prés. — Un pré de la contenance d'un demi-char de foin au Grandpré.

Les chaseaux du premier lot et les rentes dont ils étaient

taxés, consistaient en trente maisons et leurs usuaires, une place, plusieurs jardins, meix, chenevières et un journal de terre dit le journal du Seugnon. Le tout chargé de redevances payables au jour du vendredi-saint, se montant en totalité à un chapon, dix-sept poules et demie, et quatre-vingt-dix œufs. Seize des maisons sont indiquées sans redevances, six portent la mention « ne doit aucun *mesage* ou *maisage* », signifiant sans doute aucune redevance (1).

» Les chaseaux du second lot avec leurs rentes se composaient de trente maisons, trois places, plusieurs jardins, meix et chenevières pour lesquels il était dû, en totalité et annuellement, dix-neuf poules et quatre-vingt-quinze œufs, payables au jour du vendredi-saint. (16 de ces maisons sont indiquées comme ne devant aucun maisage.) En outre, la maison du sieur René de Landrian, appelée la *haute chambre,* « consistante en maison, chambre, cour, jardin, meix et joindant à une autre maison dudit Landrian, tenu de François Gravier, assencée trois blancs. »

Deux chapons de bourgeoisie pour le premier lot étaient dus, l'un par la maison de Jean-Francisque de Landrian demeurant à la Mothe, pour sa bourgeoisie ; l'autre par Florentin Millot, de Sauville, aussi pour sa bougeoisie. Ils étaient payables le lendemain de Noël.

Les deux chapons de bourgeoisie attribués au second lot et payables au même terme étaient dus, l'un par Claude Millot, de Bulgnéville, et l'autre par Jean Morisot, d'Aingeville, aussi chacun pour sa bourgeoisie.

(1) Les familles les plus nombreuses d'Urville portaient les noms de Robert, Martin, Millot, Perrin, Poirier, Recouvreux, Marchal, Taxotte, Gobier, Riotte, Morisot, Lenoir et Langlois ; les familles Jacquot, Fleury, Chaulois, Viard, Couny, Croisotte, Thouvenin, Vaixou, Guillon, Chambray, Girouard, Pussin, Colson, Reuillacque, de Lerrin, Gaye, Teillière, Prud'homme, Tranchot, Thiéry, Besançon et Courtevoye, y formaient chacune un ménage. René de Landrian avait deux maisons à Urville. Sabine de Landrian sa fille y possédait aussi deux maisons et une place rue du Puits-Sauiot.

Nous lisons encore dans le titre de partage :

« Le seigneur qui aura l'un ou l'autre lot, instituera audit Urville un mayeur, greffier et sergent, pour connoistre, sur ses subjects, des droits lesquels les mayeurs ont accoustumé de connoistre comme il est dit au procès-verbal du partage de Boffromont, en payant par lesdits mayeur et sergent, à son seigneur, la moitié de redebvances anciennes, comme du porc gras pour chaque moitié huit francs, du mouton deux francs, deux pintes d'huille et un chappon ; et le sergent, deux chappons et demi et deux livres et demi de cire, en prenant la moitié des droits que les mayeurs et sergents communs souloient prendre, et ce, sur ce qui leur est réservé en chaque partie.

» Item trois blancs faisant la moitié de six, deus de cens aux seigneurs de Boffromont sur un prey contenant une fauchée lieu dit en la Voye des preys, joindant celuy de la cure d'une part, Jean Huot et plusieurs autres d'autre part.

» Et pour le regard des autres redebvances et prestations personnelles que les subjets dudit Urville doivent aux seigneurs de Boffromont, comme de *taille,* rentes du bois, de faulx du Breuil, *foureaux* et poulles à cause des feux, conduits, scavoir : pour chacun conduit entier trois poulles, et pour le demy une poulle et demy, et lesdits foureaux, rentes du bois, et de faulx du Breuil, à l'équipolent, chacun seigneur levera sur ses subjets lesdites rentes.

» Chaque lot aura aussi la moitié des dixmes dudit Urville en ce qui appartient aux seigneurs de Boffromont. »

6° LANDAVILLE.

Les partages de Landaville furent faits le 9 janvier 1590, en présence des parties désignées au procès-verbal, sur les rapports de Jean Barrois alors mayeur et de Bastien Bastien dudit Landaville, experts choisis et assermentés pour ce travail.

Les terres arables du finage de Landaville qui devaient des cens aux seigneurs de Beaufremont étaient :

POUR LE PREMIER LOT :

Saison de Genevelle et du Cugny. Cinq *ensanges* (1) contenant chacune trois quarts de terre, à raison de douze-vingt-
dix verges le jour, lieu dit derrière Genevelle, possédées par
divers particuliers. Chacune desdites ensanges asservie d'un
bichet de blé lorsque la contrée en est ensemencée, et de
deux bichets d'avoine à la saison des avoines, mesure de
Neuchasteau, mais ne devant rien à la versaine.

Une demi-ensange au Cugny, asservie comme ci-dessus,
d'un imal de blé, au blé, d'un bichet d'avoine, à l'avoine, et
ne devant rien à la versaine; puis encore deux ensanges
audit lieu de Cugny, de même condition et servitude (2)......

Saison de Sanbonroye. (Le titre mentionne cette saison,
mais sans citer les héritages qui y étaient.)

Saison de Barberaze. (Même omission, cependant, d'après
les détails du second lot, on devrait trouver ici : une demi-
ensange de terre chargée des servitudes indiquées plus haut.)

Cens en argent (3)...... Six deniers étaient dus sur une
vigne du fief, trois deniers sur un héritage de la veuve Charles,
trois deniers sur une autre propriété possédée par les héritiers
Charles l'aîné, et la moitié de trois autres deniers assignés
sur un pré d'un quart de fauchée au Breillet.

Les terres arables devant des cens au possesseur du second
lot étaient :

Saison de Genevelle et du Cugny. Cinq ensanges derrière
Genevelle, possédées par plusieurs individus et asservies
chacune d'un bichet de blé ou de deux bichets d'avoine suivant
la récolte de l'une ou de l'autre de ces céréales, mais ne
devant rien pour l'année de la versaine (4).

---

(1) L'ensange qui paraît avoir été une mesure agraire particulière à
Landaville n'est plus usitée ni connue dans cette localité.

(2) Omission probable.

(3) *Ibid.*

(4) Comme on le voit l'assolement était triennal, mais ne donnait que
deux récoltes pour les trois années.

Une demi-ensange au même lieu et chargée de même redevance, suivant la contenance du terrain, tenue par Mangin Lorrin.

Deux ensanges au Cugny de même condition et redevance que dessus, tenues par Bertrand Thouvenin.

Puis une petite *fourière* d'environ un demi-quart, derrière Genevelle asservie aux blés, d'un demi-imal de blé; aux avoines, d'un imal, et ne devant rien à la versaine.

Saison de Sanbonvoye. Trois ensanges en Sanbonvoye possédées par plusieurs individus, chargées de redevances comme ci-dessus, proportionnelles à la quantité de terrain.

Saison de Barberaze. Une demi-ensange audit Barberaze, « *la demie ensange* portée en l'autre partage par dessoubs, possédée ladicte ensange entière par Claude Thomassin, et de mesme redebvance que les autres ».

La totalité des héritages chargés de cens était donc pour pour ce lot, de onze ensanges et un quart, rapportant tous les trois ans onze bichets et un demi-imal de blé, plus vingt-deux bichets et un imal d'avoine, ce qui équivaut à une rente annuelle de sept imaux et demi de blé, et quinze imaux d'avoine, car le bichet contenait deux imaux. Il est certain que cette rente et le cens en argent étaient les mêmes pour les deux lots.

Les cens en argent pour le second lot s'élevaient à vingt-sept deniers et demi, dont trois deniers sur un jardin appelé la Daucière; deux deniers sur un pré d'environ un quart de fauchée au Brussey (1); trois deniers sur une maison en la rue de Laistre; trois blancs sur une fauchée de pré au Brussey, à Robert de Chastenoy; trois deniers sur la tenue des biens de Jean Jullien; trois deniers sur la tenue des biens de Jeannotte Charles, et la moitié de trois deniers assignés sur un pré d'environ un quart de fauchée au Brussey.

Les chaseaux de Landaville, avec les rentes en dépendant,

***

(1) Ce mot Brussey ne serait-il pas mis par erreur au lieu de Breuil ? nous le supposons.

étaient pour le premier lot : dix maisons (une indiquée sans redevance), dont quatre en la rue dite le *fief de Boffro-mont* et six en la rue de Genevelle ; une pièce de terre derrière la chapelle, le jardin de la croix, la moitié du gagnage de Robert de Chastenoy ; un pré en *l'estang de Boffromont*, compris en la recette et mairie de Landaville ; une place au jardin Poirel, et un jardin en la Cuche, le tout chargé de diverses redevances s'élevant en totalité à quinze poules et cent dix œufs, dont cinq poules et vingt-cinq œufs dus au terme de la St-Martin ; et dix poules avec quatre-vingt-cinq œufs, payables chaque année au terme de Pâques. (Ces redevances sont indiquées d'une poule et dix œufs, ou une demi-poule et cinq œufs, et encore une poule et demie et quinze œufs, ce qui donne à présumer qu'un conduit entier payait une poule et dix œufs (1).

Plus la moitié du jardin des *sieurs de Boffromont*, assis audit Landaville, en la rue de Genevelle, laissé en entier pour quatre francs, dont deux francs pour ce lot.

Les chaseaux du même lieu, avec les rentes attribuées au second lot, consistaient en huit maisons, dont cinq en la rue du fief ou rue de Boffromont, deux en la rue de Genevelle, une en la rue du Han-le-Duc ; un jardin dit le meix d'Houés derrière les maisons du Han-le-Duc ; une pièce de terre derrière la Chapelle ; une vigne appelé la Brayade, sise en la contrée des vignes de Laistre ; les gagnages du sieur Robert de Chastenoy (2) et un pré dit la Curtillemin, chargés

---

(1) Nous avons retrouvé à Landaville, les noms des familles Barrois, Morel, Thouvenin, Larminaut, Bogard et Noël qui y subsistent encore ; puis, à partir des plus populeuses parmi celles qui ont disparu, les familles Regnard, Bastien, Poirel, Barthelemy, Thomas, Souillard, Pollot, Chollé, Julien, Poirot, Legrand, Maljean, Lorrin, Simon, Croollot, Marchal et Pierrot.

Il paraît que le cours du ruisseau faisait alors la séparation des territoires de Landaville-le-Haut et de Landaville-le-Bas. (*Histoire de Lorraine*, par Henriquez.)

(2) Les gagnages de Robert de Chastenoy devaient en tout quatre poules et vingt œufs dont moitié par chaque seigneurie.

de diverses redevances s'élevant en tout à treize poules et demie et quatre-vingt-quinze œufs, la plupart payables à Pâques et les autres à la saint Martin ; plus un chapon dû le lendemain de Noël sur un jour et demi de terre située en Sanbonvoye et un demi-jour en Gérardvaux.

En outre deux francs sur la moitié du jardin de la rue de Genevelle, mentionné au premier lot.

Chaque lot devait aussi avoir un tiers des grosses dixmes dudit Landaville, faisant « la moitié des deux tiers appartenant d'ancienneté aux seigneurs de Boffromont, avec les redebvances et dépendances d'un tiers d'icelles et tout comme l'on a accoustumé les laisser. »

Le moulin de l'Étanchotte suivant le partage fait des trois moulins de la baronnie dut demeurer en commun auxdits seigneurs « pour en tirer par iceulx les proffits par moitié, et à charge de l'entretenir à frais communs, et faire les enchères et laix d'iceluy par eux-mêmes ou leurs officiers conjointement. » Le partage des trois moulins avait été fait sur le rapport de Nicolas Thierry et Gegout Petitjean, experts choisis à cet effet.

Chaque lot eut encore la moitié de la Grange des dixmes dudit Landaville, appartenant à la baronnie, située dans la rue du fief de Boffromont (seconde habitation au-dessus de la ruelle). Au premier lot fut attribué pour sa part, « un rein et demi avec la porte entièrement qui était du costé d'en haut ; » le second lot dut avoir aussi « un rein et demi (1) à prendre icelle partie du costé d'embas, à charge qu'il se ferait une pareille porte en cette partie que celle qui existait en l'autre partage, à façons et frais communs, et pareillement une muraille pour séparer par moitié dessoubs le rein du

---

(1) Le mot *rhein*, fréquemment employé dans notre manuscrit, nous paraît avoir la signification que l'on donne actuellement au mot *portée*. On dit : une maison d'une, de deux, de trois portées, pour indiquer qu'elle a une, deux, trois pièces (chambres, granges, écuries) sur la même rue.

milieu, et autant sur l'héritage de l'un que de l'autre ; à prendre ladicte muraille dès et entre les deux jambages desdictes deux portes du goutterot de devant en tirant tout droit par dessoubs ledit rein du milieu jusques au goutterot du derrière, afin que l'un ne puisse hanter sur l'autre, et ladicte muraille de la hauteur jusques au toit. »

Nous lisons encore dans le titre que nous analysons : « Chacun seigneur aura mayeur, greffier et sergent audit Landaville, pour cognoistre sur ses subjects comme ez autres villages de ladicte baronnie, et debvra chacun mayeur pour la moitié du porc gras, dix-huit gros ou un franc six gros.

» Au mayeur de chaque partage appartiendra la moitié de deux ensanges seises au finage de Landaville, à la saison de Barberaze, lieu dit en Bersenaux, joindant par dessous à la terre de la chapelle saint Jean.

» Item la moitié d'une ensange à la saison de Sanbonvoye.

» Item la moitié d'une ensange à la saison de Cugny.

» Les deux ensanges de Sainte Gergongne demeureront en commun aux deux seigneurs, pour en lever les fruits par le mayeur de Sainte-Gergogne (1), à charge de faire le debvoir et service ancien envers lesdits seigneurs ».

Notre titre mentionne encore des quartiers à partager à Landaville, mais il n'en donne ni le nombre ni la contenance.

RÉSUMÉ.

En réunissant toutes les redevances annuelles évaluées dans les pages qui précèdent, on trouve que ces redevances étaient de cent dix chapons, cinq cent vingt-six poules, huit cent dix-neuf œufs, trente-huit oisons, quinze imaux de blé, deux cent soixante-huit bichets et demi d'avoine, quatre pintes d'huile et cinq livres de cire. Les valeurs monétaires

---

(1) On sait qu'il existait en Lorraine et au Barrois, une coutume dite *de Sainte-Gergogne, différente de la coutume de Beaumont.*

donnent un total d'environ cent trois francs (1), neuf gros, deux blancs, un denier et une obole. (Nous avons pris d'après les indications de notre manuscrit, douze gros pour un franc barrois, quatre blancs pour un gros, quatre deniers pour un blanc et deux oboles pour un denier. Le franc barrois valait deux livres quatre deniers tournois.)

La totalité des héritages appartenant en propre aux seigneurs était, outre le château et ses dépendances, de trois cent trente-cinq jours et trois quarts de terres labourables, cent vingt-trois fauchées de prés, et seize cent quatre-vingt-cinq arpents et demi de bois (2), situés dans les villages de Beaufremont, Lemmecourt, Gendreville, Médonville, Malaincourt et Urville. Les détails qui ont été donnés plus haut indiquent aussi un assez grand nombre d'autres propriétés, qu'ils laissaient à loyer à divers individus, ou qu'ils concédaient à charge de services personnels aux mayeurs et sergents.

Nous regrettons vivement de n'avoir point trouvé dans notre manuscrit à combien s'élevaient les dîmes qui se prélevaient sur les héritages des particuliers, et quelle était la nature de ces dîmes. Les détails sur les autres droits féodaux nous manquent aussi ; l'absence de ces détails sera une véritable lacune dans notre travail, mais il n'aura pas dépendu de nous qu'il ne soit plus complet sous ce rapport, comme pour bien d'autres faits que le temps et les traditions ont mis en oubli.

Le nombre des habitations de la baronnie était de quatre cent vingt-six, non compris le château et ses dépendances. Dans ce nombre, Beaufremont avait quarante-deux maisons et neuf chambres ; Lemmecourt dix-sept maisons et dix chambres ; Gendreville soixante-dix-sept maisons et dix-sept chambres ; Médonville quatre-vingt-cinq maisons et dix-neuf chambres ;

---

(1) Il s'agit ici de francs barrois.

(2) Nous croyons que le jour, la fauchée et l'arpent étaient comme on les compte aujourd'hui, de 250 toises carrées, faisant 20 ares 44 centiares

Malaincourt soixante-neuf maisons et une chambre ; Urville soixante et une maisons, et Landaville dix-neuf maisons seulement.

En admettant que chaque maison était habitée par une moyenne de quatre personnes, et chaque chambre par deux personnes, Beaufremont aurait eu alors une population de 186 âmes, non compris les habitants du château ; la population de Lemmecourt aurait été de 3 âmes ; celle de Gendreville de 342 ; celle de Médonville de 378 ; celle de Malaincourt de 278 ; celle d'Urville de 244, et celle de Landaville de 76 (pour les maisons situées sur la partie qui dépendait de la baronnie), ce qui donne un total de quinze cent quatre-vingt-douze individus vivant, à cette époque, sous la domination des hauts et puissants seigneurs barons de Beaufremont.

Si l'on examine la situation des corvées de ces seigneurs sur les territoires de Beaufremont et de Lemmecourt, on remarque aisément que ces corvées comprenaient les meilleurs terrains. Les héritages laissés aux manants des deux villages ne furent que des champs de peu de valeur, qu'il fallut défricher afin de parvenir à y faire entrer la charrue. Ces pénibles défrichements sont encore attestés par la présence des nombreux murs-hayes qui entourent presque chaque parcelle de terrain sur la montagne, et qui sont restés là comme pour montrer les travaux, aussi intelligents que pénibles, auxquels nos aïeux furent obligés de se livrer pour obtenir, d'un sol ingrat, la nourriture nécessaire à leur existence.

Nota. Vers l'époque du partage de leur baronnie, les seigneurs de Beaufremont avait un troupeau de bêtes blanches (moutons), de 400 mères environ, avec leur suite ; un autre de 60 bêtes rouges (vaches), avec le droit spécial de pâturage sur les territoires de Lemmecourt, Aulnois, Roncourt (1).

(1) Communiqué par **M. le curé de Beaufremont.**

Joachim-Charles-Emmanuel de Tornielle, comte de Brionne, de Solarolle et de Chalant, baron de Beaufremont.

(Château-Nord. — De 1589 à 1648.)

L'effet du partage de 1589 subsista jusqu'en 1790, époque de l'anéantissement du régime féodal. Ainsi pendant deux cents ans, la baronnie de Beaufremont appartint simultanément à deux seigneurs qui eurent chacun une habitation dans l'enceinte du château, et qui se firent toujours un honneur d'ajouter à leurs titres élevés l'antique qualification de *baron de Beaufremont*.

Pour plus de clarté dans les faits, nous retracerons séparément ce qui concerne chacun de ces seigneurs, en conservant toutefois la marche qui nous semblera la meilleure pour que l'histoire de la baronnie suive celle des familles qui l'ont successivement possédée. Nous commençons par la maison de Tornielle.

Joachim-Charles-Emmanuel, ou plus communément Charles-Emmanuel de Tornielle, comte de Brionne et de Solarolle par son père, porta d'abord les titres de comte de Chalant et de baron de Beaufremont qui lui venaient de sa mère.

Au moment de son entrée en possession de l'héritage que lui laissa cette noble dame, les querelles religieuses agitaient vivement la France où les protestants s'étaient tellement multipliés, sous les successeurs de Henri II, qu'ils avaient pu organiser des armées et combattre contre les troupes royales. Affaiblis et privés de leurs chefs après l'odieux massacre de la St-Barthélemy, ils n'en continuaient pas moins à être un sujet de perpétuelle inquiétude pour le souverain et pour les catholiques. Les Guises, issus de la maison de Lorraine, étaient à la tête de ces derniers; ils jugèrent nécessaire alors d'organiser l'espèce de confédération connue sous le nom de Sainte-Ligue. Mais ils ne se contentèrent pas d'y

enrôler les sujets du roi de France, ils désirèrent aussi qu'en
Lorraine, le duc leur parent et la noblesse y prissent part,
ce qu'ils firent à leur sollicitation.

Leur but avoué était le maintien et la protection de la
foi catholique. Afin de concerter les mesures les plus efficaces
pour la réussite de leur entreprise, les princes lorrains et
plusieurs membres puissants de l'association eurent, en 1584,
près de Nancy, dans une maison du sieur de Bassompierre,
une réunion à laquelle assista, avec quelques autres seigneurs
français, Claude de Bauffremont, baron de Senecey en Bourgogne.

En rencontrant dans l'histoire de Lorraine ce nom d'un
illustre descendant de Liébaud III de Beaufremont, nous
voudrions pouvoir dire que ce haut et puissant baron ne
traversa pas les duchés où vécurent ses ancêtres, sans faire
une visite à la terre qui possède leurs restes mortels, au
manoir qui leur dut son existence : il leur donna au moins
un souvenir, une pensée, et nous profiterons, nous, de
l'occasion pour consacrer ici quelques lignes à sa mémoire
et à celle de sa famille, bien persuadé que cette digression
ne déplaira pas à nos lecteurs.

Claude de Bauffremont, baron de Senecey, eut pour aïeux
Huard, second fils de Liébaud III; Pierre, Gauthier Ier et
Gauthier II, dits de Ruppes; Jean, sire de Soye; Pierre Ier
et Pierre II, barons de Senecey, qui tous se montrèrent dignes
du nom qu'ils portaient. Son père Nicolás de Bauffremont
fit surtout honneur à sa maison par ses emplois, son mérite
personnel, son éloquence et son amour pour les belles-lettres.
Nommé bailli de Châlons-sur-Saône, puis revêtu de la charge
de Grand-Prévôt de l'hôtel à la cour de Charles IX, il releva
la dignité et les avantages de ces fonctions par l'équité et
la sagesse avec lesquelles il sut les remplir. Son zèle pour
la religion joint à une vigueur éclairée, suffirent pour protéger
contre l'hérésie les villes qui bordent la Saône. Élu par la
noblesse du Châlonnais pour assister aux états de Blois en
1576, il eut l'honneur d'y être choisi pour président par

la noblesse du royaume, et fit, en cette qualité, en présence du roi et des états, un discours qui fut accueilli par d'unanimes applaudissements.

Fils d'un tel père, Claude de Bauffremont devait marcher dans la voie du bien : il la suivit noblement. Jeune encore, il s'était occupé à organiser, à Givry, une compagnie de lanciers et d'arquebusiers à cheval, composée de cent quarante gentilshommes du pays, et destinée à mettre obstacle aux troubles qu'auraient pu susciter les hérétiques. En 1577, la ville de Châlons-sur-Saône lui témoignait sa confiance en le nommant son capitaine, et le roi lui donnait des lettres pour la provision de cette charge. Il fut aussi bailli de la même ville, puis lieutenant-général au gouvernement de Bourgogne. Dans toutes ces fonctions, il montra l'intégrité la plus scrupuleuse. Nous ne pouvons attribuer sa présence à Nancy, à la conférence des ligueurs, qu'aux sentiments élevés dont les. Guises le savaient animé : ils se trompaient, toutefois, s'ils le crurent disposé à servir leur ambition. Choisi en 1588, par les gentilshommes de sa province, pour les représenter aux états généraux de Blois assemblés par ordre du roi Henri III, puis désigné par la noblesse pour la présider, il porta la parole devant l'assemblée, et le fit avec une telle grâce et une telle modestie, qu'il s'acquit les plus vives sympathies du monarque et de tous les assistants. Il n'était pas de ceux qui entrèrent dans la ligue pour des intérêts particuliers, aussi résolut-il de s'en détacher dès qu'il commença à y apercevoir d'autres intentions que les motifs de religion hautement avoués. La conversion de Henri IV, qu'il avait vivement désirée, le trouva libre de tout engagement ; il alla même alors jusqu'à conseiller au duc de Mayenne d'entrer en accomodement avec ce prince ; ne l'y ayant pas trouvé disposé, il se sépara de lui et remit sous l'autorité du roi la ville et le château d'Auxonne dont il était gouverneur. Une conduite aussi sage lui valut la confiance du prince qui passa toujours pour un modèle de loyauté. Après la bataille de Fontaine-Française (1596), Henri IV le désigna avec le Président Legrand,

pour entrer en pourparlers avec le duc de Mayenne, et dès
la seconde entrevue, ils demeurèrent d'accord sur les articles
d'une trève qui fut bientôt suivie de la paix de Vervins.

Claude de Bauffremont ne jouit pas longtemps du bonheur
de cette paix à laquelle il avait contribué avec un si généreux
empressement. A peine était-elle signée qu'il mourut à l'âge
de cinquante-sept ans, dans son château de Senecey (1). S'il
dut les qualités que nous venons de lui reconnaître aux bons
exemples qu'il avait reçus de son père, il eut le bonheur
de les transmettre lui-même à son fils Henri de Bauffremont,
considéré à juste titre comme l'un des hommes les plus
distingués qu'ait produits sa famille. Bien que la vie de ce
seigneur se soit passée loin de notre pays, son nom nous
donne le droit de revendiquer l'illustration qu'il y attacha.

Henri de Beaufremont était à peine sorti de l'adolescence
quand la mort le priva de son père, mais il montrait déjà
de si belles dispositions, que la ville de Châlons n'hésita
pas à l'élire pour son capitaine. Le roi le voyant bien formé
de corps et d'esprit, lui accorda une dispense d'âge pour
qu'il pût accepter cette place, le créa en même temps bailli
et maître des foires de cette ville, le fit son lieutenant en
Bourgogne, et voulut encore qu'il succédât au baron de Senecey
dans les fonctions de gouverneur de la ville et du château
d'Auxonne. Une aussi grande faveur accordée à ce jeune

---

(1) J. Callot, le célèbre graveur lorrain, dédia à Claude de Bauffremont
ses *Exercices militaires*, suite de treize pièces représentant des soldats dans
différentes attitudes. Le titre est dans un cartouche surmonté des armes de
Bauffremont. De chaque côté des armes, on voit deux soldats sonnant de la
trompette, à demi couchés, les jambes croisées et étendues sur des drapeaux.
A droite est un soldat jouant de la flûte et à gauche un autre battant du
tambour.

On lit dans le cartouche : Exercices militaires faits par J. Callot, mis en
lumière par Israël son amy : *Et dédiez à Monseigneur Claude de Bauffremont, marquis de Senecey, gouverneur des ville et chasteau
d'Auxonne et de Mascon, et lieutenant-général du roy au pays
Maconnais.* (*Mémoires de l'Académie de Stanislas,* année 1855, page 571.)

seigneur se justifie par les paroles que Henri IV prononça en le présentant à la reine : « Il appartient, dit-il, à une race où l'on est sage dès le ventre de la mère. » Cet éloge sorti de la bouche d'un grand prince est évidemment tout ce que l'on pouvait dire de plus glorieux à l'honneur d'un gentilhomme.

En 1614, il y eut de grandes brigues par toute la France pour le choix des députés qui devaient assister aux états généraux convoqués à Paris. Henri de Bauffremont fut élu par la noblesse de son bailliage, et comme son père et son aïeul, il reçut dans ces états, l'honneur qui devait être le plus envié, et qu'aucune autre maison ne posséda jamais comme celle de Bauffremont : les nobles du royaume le désignèrent pour présider leurs réunions. Les talents et la prudence qu'il montra dans cette haute position le firent juger capable de remplir les fonctions d'ambassadeur en Espagne. Il accepta avec empressement cette occasion de servir son pays et son roi. Pendant les cinq ans qu'il demeura à la cour de Philippe II, il y donna constamment des preuves de sa modération, de sa générosité et de sa magnificence, et il s'acquit l'estime de tous les personnages distingués avec lesquels il dut se trouver en relation. Au moment de son départ, le roi d'Espagne voulant lui témoigner toute la satisfaction qu'il avait reçue de son ambassade, le combla de riches présents, et ordonna que dans toutes les villes où il devait passer pour son retour, on le reçût avec les marques d'une distinction toute spéciale.

A son arrivée en France, Louis XIII voulut aussi récompenser ses services; il le créa chevalier de l'ordre du Sᵗ Esprit et érigea en marquisat la baronnie de Senecey. Henri passa à peine dans cette terre le temps nécessaire pour voir sa famille et mettre ordre à ses propres affaires. La guerre venait d'éclater contre les protestants du midi; il se rendit auprès du roi et y servit avec le grade élevé de maréchal de camp. Il y montra bientôt toute la bravoure d'un guerrier accompli, mais sa valeur l'ayant engagé parmi des troupes qui livraient un assaut à la ville de Royan, il y fut renversé par l'explosion d'une mine et blessé très-grièvement, ce qui l'obligea à quitter momentanément l'armée. Il y revint avant même que sa guérison fût complète, et se retrouva au siége de St Antonin où de nouveaux exploits lui valurent une nouvelle blessure ; elle ne paraissait pas mortelle d'abord, mais la gangrène s'y étant mise, il n'y eut bientôt plus d'espoir de sauver la vie d'un brave qui n'eut jamais d'autre ambition que celle de bien servir son Dieu et sa patrie, et qui en mourant, fit paraître toutes les vertus dont sa belle âme était ornée.

Il laissait de son épouse Marie-Catherine de la Rochefoucault, fille unique de Jean-Louis de la Rochefoucault, comte de Randans, deux fils : Claude-Charles-Roger de Bauffremont et Jean-Louis de Bauffremont qui, après avoir donné les plus belles espérances, moururent jeunes et sans postérité, le premier, des fatigues qu'il éprouva au siége d'Arras, et le second à la bataille de Sedan ; de sorte que, comme la famille aînée des Beaufremont, la branche des Bauffremont-Senecey s'éteignit au champ d'honneur. Leur sœur Marie-Claire de Bauffremont épousa Gaston de Foix, comte de Fleix à qui elle apporta en dot les grands biens de son opulente famille. Marie-Catherine de la Rochefoucault, à qui ses malheurs domestiques méritaient les plus grands égards, fut appelée à la cour de France comme dame d'honneur de la reine Anne d'Autriche, puis eut l'honneur d'y être choisie pour gouvernante du jeune Louis XIV qui se ressouvint toujours des tendres soins qu'il en avait reçus.

Pendant que les seigneurs de Senecey faisaient glorieusement connaître à la France le nom historique de leur famille et s'attiraient l'entière confiance de ses souverains, leurs parents par alliances, les héritiers de la baronnie et du château de Beaufremont se plaçaient aussi au premier rang parmi la noblesse de la petite nationalité lorraine, et méritaient, par leur dévouement, la faveur d'être appelés à remplir les dignités les plus élevées à la cour de ses ducs.

La première circonstance où nous voyons paraître Charles-Emmanuel de Tornielle est un témoignagne de son attachement pour les intérêts du duc Charles III. Dès le commencement de l'année 1589, l'assassinat du duc et du cardinal de Guise commis à Blois par ordre de Henri III, forçaient le duc de Lorraine à prendre part à la guerre civile excitée en France contre ce roi qui bientôt périt lui-même sous le fer d'un fanatique. Mais alors, il fallut empêcher l'hérésie de s'asseoir sur le trône des rois *très-chrétiens*, et garantir la Lorraine des attaques du dehors. Le prince lorrain redoublant d'efforts, leva une armée puissante et, les impôts étant devenus insuffisants, fit de considérables emprunts pour l'entretenir. Ses sujets, par une louable émulation, s'empressèrent à l'envi de lui ouvrir leurs bourses. Charles-Emmanuel de Tornielle lui prêta quarante-six mille cinq cents écus d'or soleil, produit de la vente de son comté de Valengin et évidemment aussi de quelques autres terres (1). Philippe de Croy et Diane de Dompmartin sa femme, seigneurs de Fontenoy-le-Château, lui avancèrent cent deux mille francs barrois. D'autres lorrains lui fournirent également, à proportion de leurs moyens, des sommes plus ou moins fortes. Le salut de la religion, ce grand motif qui donnait l'impulsion à la ligue, animait les catholiques à la générosité; le désir de voir leur duc, gendre du roi Henri II, régner sur les Français encourageait les Lorrains à la libéralité. Cependant, Charles III eut la sagesse d'abandonner le premier des prétentions mal réglées qui dégénéraient en factions particulières. Ne voulant

---

(1) D'après Moréri, *Dictionnaire historique*, p. 750, cette vente et celle de la *baronnie* d'Arberg, faite au comte de Longueville avec la faculté de retrait, montait au prix de 57,846 écus d'or. Mais il y aurait ici une contradiction avec ce que nous avons écrit plus haut d'après divers auteurs. Et d'ailleurs, il est certain qu'il n'y avait point de baronnie d'Arberg. Le comté de ce nom paraît avoir été un titre purement honorifique pour les barons de Beaufremont. Il faut cependant reconnaître qu'à partir de 1589, les Tornielle ne portèrent plus le titre de comtes d'Arberg, tandis que les Madruce et leurs descendants le conservèrent.

être dupe ni de l'ambition du roi d'Espagne ni de celle du duc de Mayenne, il chercha les moyens de terminer cette guerre le plus tôt possible, et pensa à entrer en relation avec Henri IV aussitôt qu'il le sut disposé à quitter le protestantisme. Après plusieurs trèves, à partir de 1593, il signait définitivement avec ce nouveau roi, le 12 avril 1596, un traité de paix très-avantageux pour la Lorraine.

Joachim-Charles-Emmanuel de Tornielle dut sans doute à la générosité dont il avait montré l'exemple, la haute fonction de surintendant des finances de Henri de Lorraine qu'il exerçait en 1590 (1). Il paraît qu'il était déjà, même avant cette date, premier gentilhomme de la chambre et grand-maître de l'hôtel de ce prince, fils aîné de Charles III.

Le 23 mai de cette même année 1590, il prenait possession de la seigneurie de Mandres-aux-Quatre-Tours, au nom de Joseph de Tornielle, son père, en vertu de l'engagement que le duc de Lorraine lui en avait fait (2), peut-être pour sûreté d'un prêt quelconque.

A la même époque, il épousait Anne du Châtelet, fille d'Olry du Châtelet et de Jeanne Scépaud, pupille dès 1566 de Jean du Châtelet, seigneur des Thons, son oncle. Par cette alliance avec une des quatre principales familles lorraines (3), notre jeune baron de Beaufremont devint seigneur de Deuilly, Gerbévillers, Bazemont, Romont et Bulgnéville, du chef de sa femme, héritière d'un frère et d'une sœur morts sans postérité.

Le 12 décembre 1594, Henry IV accordait aux deux fortunés époux des lettres de naturalité (4) probablement

---

(1) Lionnois. *Histoire de Nancy*, t. 2, p. 152.

(2) Dom Calmet. *Notice sur la Lorrainne*, p. 720.

(3) Les familles connues sous le nom de *quatre grands chevaux* de Lorraine, parce qu'elles étaient de la plus ancienne noblesse et de la plus illustre *chevalerie* du duché, étaient celles du Châtelet, de Haraucourt, de Lenoncourt et de Lignéville.

(4) Dom Calmet. *Généalogie de la maison du Châtelet.*

pour qu'ils pussent jouir des avantages attachés à la possession de quelque terre qu'ils avaient en France.

Au mois de juin 1596, Charles-Emmanuel de Tornielle se trouva aux assises de Nancy, et y présida, en l'absence du bailli, ce grand tribunal où la noblesse de l'ancienne chevalerie jugeait en dernier ressort les procès portés devant elle, soit qu'ils concernassent ses pairs, le prince même, soit qu'ils eussent seulement pour objets les intérêts des simples roturiers (1). En 1602, il était bailli d'Epinal : il signa en cette qualité une ordonnance du duc Charles datée du 7 juin, concernant le privilége clérical et sa modification.

Au commencement de l'année 1599, le fils aîné de Charles III, Henri de Lorraine, qui prit alors le titre de duc de Bar, épousait Catherine de Bourbon, sœur unique de Henri IV. Les gens de lettres et les artistes s'empressèrent de célébrer une union qui semblait consolider la paix signée trois ans auparavant, et dont notre pays commençait à goûter les fruits. Le comte de Tornielle, premier gentilhomme de la chambre et surintendant de la maison du jeune prince, s'associa à l'espérance générale, en faisant frapper en l'honneur de ce mariage une médaille commémorative. Cette médaille, peu commune, représente sur le droit, un soleil qui répand ses influences sur deux mains se donnant la foi, et issantes d'un ciel étoilé. De ces deux mains pendent les écus de Lorraine et de France, attachés à un cordon qu'elles soutiennent. Au-dessous, et entre les deux écus, sont les chiffres entre-lacés de Henri et de Catherine. Dans l'exergue est la date du mariage, 1599, et dans le contour la légende *Sic cælo vicina fides*. Sur le revers est la déesse Vénus toute droite, les pieds posés sur deux cornes d'abondance, tenant de la main droite une lampe antique, signe de la prudence, et de la gauche le lien de l'hyménée, pour marquer l'union des deux époux. Dans l'exergue sont les armes de Tornielle,

---

(1) *Traité historique de la maison de Lorraine*, par **Balcicourt** (Hugo), p. CCLXXXVII.

surmontées de l'inscription *Amoris felicitati*, relative a l'intention de celui qui a fait graver la médaille dédiée au bonheur de l'amour. Sur les limbes dans le contour, on lit : *Henri. Prin. à Lotha. Barri Dux, M. Mussi.* (1) pour Henricus princeps à Lotharingia, Barri Dux, Marchio Mussiponti.

La princesse Catherine de Bourbon était protestante, et l'Eglise venait seulement de reconnaître la validité de son mariage, lorsqu'elle mourut après cinq ans d'une union qui ne vit guère se réaliser les souhaits de bonheur par lesquels on l'avait accueillie.

Le duc de Bar ne tarda point à se chercher une seconde épouse. Marguerite de Gonzague, fille de Vincent de Gonzague, duc de Mantoue, et d'Eléonore de Médicis, nièce de la reine de France, fut celle qu'il se choisit ; ce choix reçut l'approbation du duc son père et du roi de France son beau-frère. Le contrat de ce nouveau mariage fut signé à Paris, en présence de Henri IV, le 13 février 1606. Les articles de ce contrat furent arrêtés par Jacques de Harlay de Champvallon, Charles-Emmanuel de Torniclle (2), Nicolas de Gleissenove et Louis Barnet, commissaires du duc de Lorraine, et Charles Rossi, commissaire du duc de Mantoue. Le 26 avril suivant, le comte de Torniclle, nommé procureur et ambassadeur du duc de Bar à la cour de Mantoue, y épousa, au nom de son maître, la princesse Marguerite.

Par une coïncidence remarquable pour nous, ce fut le cardinal Charles de Madruce, évêque de Trente, qui, en cette circonstance, donna la bénédiction nuptiale. La princesse prit ensuite le chemin de la Lorraine ; elle arriva à Nancy le 15 juin, et y fut reçue au milieu de toutes les démonstrations de la joie la plus populaire.

(1) *Traité historique sur l'origine de la maison de Lorraine*, par Balcicourt (Hugo), p. CCLXXXVII.

(2) Dans cet acte, il prend le titre de conseiller d'Etat du duc de Lorraine.

Charles III devenait vieux ; il fut enlevé à l'affection de ses sujets le 14 mai 1608, après un règne de cinquante-trois ans. La mort du meilleur de ses ducs porta le deuil dans toute la Lorraine, et la douleur y fut partout aussi sincère que méritée. Nous ne pourrions nous étendre sur les qualités de cet excellent prince dont nos pères conservèrent pieusement le souvenir ; qu'il nous suffise de dire qu'il était à la fois bon père et chrétien vertueux, sobre et compatissant, éclairé et plein de courage. Il souhaitait souvent de pouvoir montrer à ses sujets le bon exemple en toutes choses, et en parcourant les sages ordonnances qu'il promulgua, on reste convaincu qu'il eut surtout pour but le bonheur de son peuple.

Le duc de Bar succéda à ce digne souverain, et prit le nom de Henri II. Sa piété filiale le porta d'abord à faire célébrer, avec une somptueuse magnificence, les funérailles de son père ; puis il s'empressa d'envoyer des ambassadeurs à divers souverains pour leur faire connaître son avènement au trône ducal. Charles-Emmanuel de Tornielle fut celui qu'il envoya à Rome. Le souverain pontife accueillit avec une bienveillance toute spéciale l'ambassadeur d'un prince qu'il aimait particulièrement. Mais ce que nous ne devons pas omettre de noter ici, c'est la protection que le noble comte accorda, pendant son voyage, à un enfant du peuple, qui devait être plus tard une des gloires les plus pures de notre Lorraine. Jacques Callot, second fils de Jean Callot, héraut d'armes de Lorraine, venait d'atteindre sa seizième année. Deux fois déjà, il avait quitté la maison paternelle pour tenter d'aller rejoindre à Rome, un de ses amis d'enfance, Israël Henriet, qui s'y livrait à l'étude du dessin ; sur la demande de son père, Charles-Emmanuel de Tornielle l'admit parmi les hommes de sa suite. On se mit en route le 1er décembre, et l'embassade dut arriver à Rome au commencement de 1609. Muni de quelqu'argent et réuni dès lors à son ancien camarade, la première pensée du jeune artiste fut d'apprendre la gravure, et à partir de ce temps, sa vie fut tout entière consacrée aux arts (1). En reconnaissance des services que lui avait rendus le comte de Tornielle, Callot grava plus tard, en l'honneur de ce seigneur et de sa famille, une pièce allégorique connue sous le nom du *grand rocher* (2). Cette pièce, aussi rare que belle, représente un double rocher au milieu de la mer; la pointe la plus élevée domine une enceinte fortifiée à laquelle on parvient par un escalier. Au-dessus, par la droite, on voit un aigle qui apprend à ses petits à regarder fixément le soleil. Deux des aiglons qui voltigent sur le haut du rocher, ont, sur la poitrine, l'écu de Tornielle et le troisième celui de Bassompierre. Au milieu, du haut, on lit dans une banderolle ce passage d'Horace : *Nec imbellem feroces progenerant aquilæ colvmbam*. Au milieu de la marge du bas, on voit, dans un cartouche richement orné, l'écu de Tornielle entouré des armes des familles alliées, et notamment de celles de Bassompierre. (Largeur 275 millimètres, hauteur 196, dont 23 en marge.)

A son retour de Rome, Charles-Emmanuel de Tornielle, en sa qualité de grand-maître de l'hôtel, reprit son service auprès de Henri II. Mais il était à peine rentré en fonctions, qu'il eut la douleur de voir un malheureux attenter à la vie du prince et à la sienne. Charles III avait pris pour fourrier un sieur Clément Hussenot, des environs de Vaudémont;

---

(1) Les succès de Callot et son patriotisme sont connus. Ses œuvres furent bientôt appréciées dans toute l'Europe. Il est resté dans notre patois de Beaufremont une preuve de l'empressement que l'on mettait à s'approprier toutes ses productions. *Faire son Callot*, y est un dicton très-commun. Il signifiait sans doute d'abord acquérir les œuvres de Callot; aujourd'hui, bien qu'il ait perdu sa signification propre, il en a néanmoins conservé quelque chose qui fait honneur à son origine : il se dit pour exprimer que quelqu'un fait de bonnes affaires. *Ne pas faire son Callot*, signifie se ruiner, perdre à un marché sur lequel on fondait des espérances de gain.

(2) *Mémoires de l'académie de Stanislas*, année 1852, p. 203, et année 1855, p. 386. M. Meaume pense que cette pièce fut gravée en l'honneur du comte de Brionne, Charles-Joseph, fils du comte Charles-Emmanuel de Tornielle, mais ne justifie pas son opinion.

la conduite de cet homme étant loin d'être irréprochable, le comte de Tornielle, après avoir pris les ordres de Henri, le congédia. Hussenot jura une haine mortelle à ceux qu'il appelait les auteurs de sa disgrâce (comme s'il avait pu en avoir d'autres que ses vices). Le scélérat fit fabriquer un poignard à Marsal où la cour séjournait, et attendit un moment favorable pour frapper le duc et M. de Tornielle; mais il n'eut pas le temps de consommer son double crime. Arrêté et convaincu, il fut exécuté à Nancy le 17 juillet 1609. Sa tête fut mise en évidence et clouée à un poteau avec le poignard dont il avait voulu se servir, et les quartiers de son corps furent exposés devant les portes de la ville, sur les quatre hauts grands chemins. Le lendemain, il y eut une procession générale pour remercier Dieu d'avoir préservé le duc du péril qu'il avait couru, et le soir, un feu de joie fut allumé sur la Carrière. Nul doute que la famille du comte de Tornielle et nos compatriotes ne se soient associés, de tout cœur, aux témoignages de reconnaissance adressés à la Providence qui avait veillé sur les jours d'un bon prince, et sur ceux d'un père et d'un seigneur dont ils n'avaient qu'à se glorifier.

En 1610, le 21 juin, Charles-Emmanuel de Tornielle mariait sa seule fille, Henriette de Tornielle, à Georges-Africain de Bassompierre, baron de Removille, seigneur du Châtelet et de Baudricourt, grand-écuyer de Lorraine et bailli des Vosges. Le 13 juillet 1612, ces deux seigneurs, Antoine de Choiseul, seigneur d'Ische, gouverneur de la Mothe, et plusieurs autres grands personnages du pays, qui tous sont qualifiés de hauts, puissants et honorés seigneurs, assistaient comme témoins à l'acquisition que le duc Henri II fit du marquisat de Nomény, sur Marie de Luxembourg, duchesse de Penthièvre, veuve de Philippe-Emmanuel de Lorraine, duc de Mercœur (1).

Le 27 août de la même année, le duc Henri voulant évidemment donner un témoignage de sa satisfaction à notre

____

(1) Manuscrit de la bibliothèque d'Epinal, n° 151, p. 665.

comte de Tornielle, lui céda ce qu'il possédait aux villages
de Saint-Julien et de Provenchères « pour en jouir par lui,
ses hoirs et successeurs procréés de son corps en loyal mariage,
et descendant en ligne directe, tant masculine que féminine,
tant et si longtemps que ladite ligne durera, et icelle venant
à faillir, être réuni au domaine » (1). Le comte de Tornielle
prit possession, l'année suivante, de ce qui constituait cette
donation.

Si Joseph de Tornielle vécut assez pour être témoin de la
haute considération dont jouissait son fils à la cour de Lorraine,
son cœur de père dut en être bien flatté. Il est certain, toutefois,
que la mort de ce seigneur n'eut lieu que dans les premières
années du 17e siècle, peut-être même après 1610. En 1576,
il avait donné au duc de Lorraine un dénombrement de
la baronnie de Beaufremont; en 1598, il en donnait aussi
un, conjointement avec Charles-Emmanuel, pour ce qu'il
avait acquis dans la seigneurie de Bulgnéville qui, ancienne
possession des seigneurs de Beaufremont, leur revenait par
acquisition et par alliance. Voici ce que Dom Calmet a inséré
à ce sujet dans les preuves de son *Histoire de la maison
du Châtelet* (2) :

« Dénombrement donné par Joseph de Tornielle comte de Brionne,
baron de Beffroymont, ayant acquis le droit de messire Jean de
Haussonville et de dame Christienne du Chastellet son épouse,
faisant la moitié du quart des terres et seigneuries de Bulgnéville;
de Joachim-Charles-Emmanuel de Tornielle, au nom de dame Anne
du Chastellet son épouse, héritière avec ladite dame Christienne
sa sœur de Claude du Chastellet, seigneur de Deuilly, leur frère,
avouent tenir en fief du duc de Lorraine, le quart desdites terres
et seigneuries de Bulgnéville, et donnent le même dénombrement.
Fait le 8 juin 1598.

Signé : Tornielle ; E. Charles de Tornielle, et scellé. »

(1) *Statistique des Vosges*, p. 389 et 464.
(2) Page ccxxx et ccxlii. *Extrait de la layette Lamothe 4 aux archives
de Lorraine?*

Un autre dénombrement de 1614, donné par Charles-Emmanuel qui alors avait hérité de son père, est ainsi constaté par l'auteur déjà cité :

« Dénombrement donné par Charles-Emmanuel comte de Tornielle, Chalant, Solarol et Brionne, baron de Bauffremont, seigneur de Deuilly, Gerbévillers, Bazemont, Romont et Bulligneville, grand-maistre de l'hostel, et sur-intendant des finances du duc de Lorraine ; des terres et seigneuries de Bulligneville, mouvantes en fief dudit duc, à cause de la chatellenie de la Mothe et Bourmont tant à cause de dame Anne du Chastellet son épouse, que comme héritier de haut et puissant seigneur, Joseph comte de Tornielle, seigneur dudit Bulligneville en partie, son père, pour un quart, et encore le tiers de ladite seigneurie de Bulgneville et dépendances, qu'il a acquis, avec la dame son épouse, d'Anthoine du Chastellet, baron de Saint-Vincent, et de dame Judith de La Rochefoucault son espouse, et de Messire Jacques de Ligneville, sieur de Vannes, et comme se faisant fort de Charles de Ligneville, seigneur et baron de Couau, de Jacques-René de Ligneville, chevalier de l'ordre de Saint-Jean de Jérusalem, et aussi se faisant fort des autres enfants dudit seigneur de Vannes. Fait le 7 novembre 1614.

Signé : Tornielle. »

La fortune que possédait Charles-Emmanuel de Tornielle lui permit de se montrer quelquefois aussi généreux que les plus riches châtelains du moyen âge. En 1648, ce puissant seigneur, son épouse et sa belle-sœur Christine du Châtelet, veuve de Jean d'Haussonville, mus par ces sentiments de piété qui sont l'apanage des grandes âmes, fondèrent à Gerbéviller, un couvent de carmes, « pour instruire et enseigner leurs subjets » et les diriger dans la voie des vertus chrétiennes. Et afin d'être, eux et leurs successeurs, plus singulièrement recommandés aux bonnes prières et dévotions des révérends pères, et les inciter au souvenir de leurs prédécesseurs trépassés, lesdits seigneurs et dames leur donnèrent l'église du château, des maisons et des terrains pour construire et édifier un monastère capable de « loger nombre de religieux suffisant pour faire et célébrer à perpétuité le saint service, selon que leur règle les y oblige » pourvurent à tous les frais que réclamaient la construction et la destination de l'établissement, et assurèrent à la communauté une rente annuelle et perpétuelle de 2,540 francs, dont 1,540 donnés par la dame d'Haussonville et 1,000, par le comte de Tornielle, rachetable par des capitaux de 22,000 fr. et de 15,000 fr. Comme dernière marque de sollicitude, ils mirent, pour chaque année, à la disposition des religieux, une portion de bois de la contenance de 4 jours, à prendre dans les forêts de la seigneurie.

De leur côté, les RR. PP. Carmes promirent de continuer à perpétuité le service divin dans ladite église de Gerbéviller, et s'engagèrent en outre à célébrer chaque année trois messes hautes à l'intention de Charles-Emmanuel et de sa famille, puis deux messes basses par semaine, pendant la vie du seigneur comte et celle de son épouse, et aux jours des anniversaires après le décès des nobles personnages. Ils assurèrent aussi à la dame d'Haussonville, trois messes hautes chaque année et tous les jours une messe basse à dire dans la chapelle érigée par ses soins, cette messe basse devant, après le décès de ladite dame, se continuer à perpétuité pour le repos de son âme et de celle de son époux. Enfin les fondateurs entendaient encore que les RR. PP. auraient en recommandation les âmes de leurs prédécesseurs trépassés et le soin de leurs successeurs et de leurs sujets à toute chose que concourraient la gloire de Dieu et leur salut particulier.

Christine du Châtelet ne borna pas sa libéralité envers les pères Carmes aux bienfaits que nous venons d'indiquer ; dans son testament elle pourvut encore à une riche décoration de l'église et surtout des autels. Mais nous ne devons parler de ce testament que pour dire que le comte de Tornielle et sa famille y étaient institués les principaux légataires. Voici quelques-unes des dispositions qu'il renferme.

« Je déclare, y dit Christine du Châtelet, et nomme mon

héritière universelle, dame Anne du Chastellet, ma sœur, espouse de Monsieur le comte de Tornielle, à laquelle tous mes biens appartiennent après l'exécution de ce mien testament, et d'aultant que dame Henriette de Tornielle, ma niepce, femme à M. de Removille, a renoncé par son traité de mariage aux successions paternelles et maternelles, et qu'arrivant mon décès avant celui de ladite dame Anne, ma sœur, et mère à ladite dame Henriette, elle serait frustrée de ma succession : je donne pour une fois à ladite dame Henriette, la somme de 60,000 francs à prendre sur mes immeubles, et payer dans deux ans du jour de mon trépas, qui luy sortiront nature de propre, et aussi afin qu'elle ait souvenance de prier Dieu pour moi, et qu'elle se ressente de mes biens, remettant à ladite dame Anne ma sœur de la récompenser si elle juge que sa conscience l'y oblige ; et pour ce que le sieur Charles de Tornielle, mon nepveux succédera à tous mes biens comme héritier de ladite dame sa mère, je ne luy peux faire plus grande donation que de dix mils francs, que je veulx luy estre délivrés par l'exécuteur de mon testament, pour luy achepter ce que bon luy semblera. Je donne à M. de Removille cinq mils francs ; à madame de Gatinois, mil francs pour une bague. Je recommande à M. le comte de Tornielle mon frère, aultant qu'il m'est possible, l'accomplissement de ce mien testament, et le conjure y apporter du soin aultant qu'il pourra, considéré que toutes les choses y contenues concernent et regardent le service et la gloire de Dieu, mon salut et la décharge de ma conscience, les récompenses et les rémunérations que je dois à mes serviteurs, servantes et aultres qui m'y ont obligés...» (1)

Devenu propriétaire de toute la seigneurie de Gerbéviller, le comte de Tornielle fit exécuter divers embellissements au château. Des allées à perte de vue, des canaux et des grottes rendaient magnifique le jardin qu'il fit établir à la suite de cette belle demeure.

(1) *Histoire de la maison du Châtelet*, par D. Calmet, p. 245 et 246.

Une alliance qui devait avoir, pour la Lorraine, des suites bien malheureuses, se préparait alors. Le duc Henri n'avait eu, de son mariage avec Marguerite de Mantoue, que deux filles, Nicole et Claude, et selon l'ancien droit du pays, l'aînée devait hériter de la couronne ducale. Mais son frère, François, comte de Vaudémont, père de deux fils, Charles et Nicolas-François, était loin de reconnaître ce droit; néanmoins, pour éviter toute querelle de succession, il demandait la main de Nicole pour le prince Charles. Le duc Henri qui, par une espèce de pressentiment, se montrait peu disposé à cette union, finit enfin par céder au désir de son frère, appuyé par les états et le vœu public; mais y mit pour condition que le comte de Vaudémont donnerait en même temps sa fille Henriette, à Louis, bâtard de Guise, prince de Phalsbourg, à qui il avait d'abord destiné la princesse Nicole. Les traités des deux mariages furent signés le 22 mai 1624. Charles-Emmanuel de Tornielle et son fils Charles-Joseph de Tornielle, dit le comte de Brionne, grand chambellan du duc Henri, signèrent celui du prince de Phalsbourg et de Henriette de Vaudémont. Nous ignorons s'ils furent aussi appelés à signer celui des héritiers présomptifs des duchés.

Ce dernier mariage donna occasion à Henri II de se montrer généreux envers ses anciens serviteurs. Charles-Emmanuel de Tornielle lui ayant témoigné le désir d'avoir en Lorraine un titre nobiliaire digne à la fois de son extraction, de son alliance, de sa fortune et de ses services, le bon duc, qui ne put jamais apprendre à dire *non*, lui accorda l'érection en marquisat de la terre de Gerbéviller. Voici le texte des lettres honorables qu'il lui donna à ce sujet :

Erection en marquisat de la terre, faulbourg et ville de Gerbéviller et autres déppendances d'icelle, appartenant au comte de Tornielle.

Henry, etc. A tous qui ces présentes lettres veoiront, salut. Le pouvoir des princes souverains, suivant la concession qu'ils en ont reçue de la main libérale et toute-puissante de Dieu ne s'étendant pas seulement à élever les hommes en honneur, dignité, éminences et authorité, mais aussy les terres et possessions tenus par personnes de mérite qui d'ailleurs ont les moïens de maintenir et conserver la dignité, lustre et splendeur qui leur sont concédez. Et l'un et l'autre s'estant rencontrez en la personne de notre tres-cher et féal conseiller d'Estat, grand-maistre en notre hostel et sur-intendant de nos finances, le sieur comte Charles de Tornielle, comte de Chalant et Brionne, baron de Baffremont, seigneur de Deuilly, Gerbéviller, Bauzemont, Bulgnéville, Solgne et Romont, tant pour son ancienne extraction et alliance qu'il a aux familles plus relevées de nos pays et dehors, que pour les grands et signalez services continuels qu'il nous a rendus par une longue suitte d'années, à nostre contentement ès charges principales de nostre maison, digne de plus grandes recommandation et faveur que l'octroy de la très-humble supplication qu'il nous a faite d'ériger en marquisat sa terre, ville, faubourgs, ban et seigneurie de Gerbéviller qui deha a le droict de prévosté, tabellionage, foires et marchés, avec les villages de Fraimbois, Vaimbois, La Mats, les Bordes, Vennezey, Valloy, Saint-Pierremont, Hadonville, en ce qu'il y a de droict, Romont, Saint-Maurice, Xermaménil, Mortagne, Giriviller, Essey, Remenoville, Morauviller, les deux maisons de Moriviller deppendantes de la prévosté dudit Gerbéviller, Clayeures, Mattexey, en ce qu'il y a de droict, et Vaudéville, bans, finages, bois, moulins, héritages, rivières, rentes, revenus, droicts et toutes choses deppendantes d'iceulx, en ce qui lui appartient présentement et que luy et ses hoirs y pourront acquester et avoir à quel titre ce soit à l'advenir, comme aussi és-villages et lieux voisins, lesquelles rentes et revenus nous sommes suffisamment informés et certains estre de vingt cinq mille francs ou environ, et suffisantes pour porter dignement et entretenir décemment le nom, qualité et rang de marquis.

Pour ces causes et autres bons respects, en ayant esgard spécialement audit revenus, pour n'avoir jamais esté nostre intention d'ériger aucun de nos fiefs à telle telle dignité qu'il ne soit assorty d'un tel et semblable revenu que celui sus exprimé, comme chose essentiellement nécessaire pour continuer et soustenir le lustre appartenant et deus au marquisat, nous avons de notre grâce spéciale, science certaine et authorité souveraine, érigé et par cestes, érigeons en vray et légitime marquisat lesdites villes, faulbourg, terre et seigneurie de Gerbéviller, villages sus déclarés, bans, finages, rentes, revenus, droicts et toutes les choses en deppendant en ce qu'appartient présentement audit sieur comte, et que luy et sesdits hoirs pourront cy après acquester en ceulx desdits villages esquels il a des comparsonniers et autres voisins, ce dont il fournira lettres reversables en nos chambres des comptes de Lorraine, pour estre ledit marquisat, dès à présent et pour toujours à l'advenir dict et appelé le marquisat de Gerbéviller, tenu et possédé par ledit s^r comte de Torniello, ses hoirs, successeurs et ayant cause, audit tiltre et qualité de marquisat, et en jouir en tous droicts, hauteurs, prééminences, aucthorité, rang, grades, priviléges, lustre et splendeurs qu'à vray et légitime marquisat appartiennent et sont deus, peuvent et doivent appartenir et estre deus, à charge néantmoins toujours des reprises denes et accoustumées, et saulf au surplus nostre droit et l'aultruy pareillement.

Cy donnons en mandement à tous nos mareschaux, séneschaux, bailly, présidens et conseillers des comptes de Lorraine, procureurs généraux et autres nos officiers, justiciers et subjets qu'il appartiendra que en la présente érection en marquisat de ladite terre et seigneurie de Gerbéviller, avec toutes ses appartenances et deppendances, et de l'effect d'icelle érection comme dessus il et chacun d'eulx en souffrent et fassent jouir pleinement et paisiblement à toujours ledit sieur comte de Torniello, sesdits hoirs, successeurs et ayant cause, sans leur donner n'y permettre qu'il leur soit donné aucun trouble ou empeschement contraire, car ainsi nous plaist.

En tesmoing de quoy nous avons à ces présentes, signées de nostre propre main, fait mettre et appendre nostre grand scel. Données en nostre ville de Nancy le quatrième may, mil six cens vingt et un, ainsi signé Henry. Et sur le replis est escrit :

Par Son Altesse, le sieur comte de Boulay, mareschal de Lorraine présent, contresigné Voillot (1).

---

(1) Archives de Lorraine à Nancy, registre B. n° 91, année 1621.

L'honneur de présider la noblesse, décerné au nouveau marquis de Gerbéviller par les Etats-généraux de 1622, prouve que ce puissant seigneur jouissait non-seulement de l'estime du prince, mais qu'il avait aussi su mériter la confiance des gentilshommes lorrains.

Gouvernée pendant un siècle et demi par des ducs qui mettaient tout leur bonheur à rendre leurs peuples heureux, la Lorraine était parvenue au plus haut degré de prospérité lorsque, le 31 juillet 1624, la mort vint lui ravir le duc Henri II. La douceur de ce prince, sa loyauté et sa bienfaisance lui méritèrent les larmes de ses sujets, qui devaient trop tôt voir disparaître les jours paisibles qu'il leur avait procurés par sa prudence et ses excellents rapports avec les souverains étrangers.

Nicole et son époux Charles IV lui succédèrent, et gouvernèrent d'abord ensemble, mais bientôt méconnaissant les droits de son épouse, le fils du comte de Vaudémont chercha à se rendre seul maître du pouvoir. Après avoir rempli la magistrature et l'administration d'hommes de son choix et pris diverses autres précautions pour la réussite de son projet, il feignit d'avoir des scrupules, déclara qu'en vertu du testament de René II, la loi salique était applicable en Lorraine, qu'il ne pouvait conserver la couronne comme mari d'une princesse à qui elle n'appartenait pas, et que le comte de Vaudémont était le véritable successeur de Henri II. Le comte se fit aussitôt proclamer duc de Lorraine sous le nom de François II, régna cinq jours, paya ses dettes avec les fonds de l'état, et le 26 novembre, il abdiqua en faveur de son fils aîné qui dès lors devint de son chef duc de Lorraine et de Bar. L'un des témoins de cette abdication fut haut et puissant seigneur « Charles-Emmanuel de Tornielle, marquis de Gerbéviller, comte de Chalant, baron de Bouffroimont et de Deuilly, seigneur de Bauzemont, Romont, Bulgnéville, grand-maître de l'hôtel et surintendant des finances de Son Altesse » (1).

(1) *Origine du duché de Lorraine*, par Boursier, p. 128, et D. Calmet, *Histoire de Lorraine*, t. 3, p. ccccxcv.

Le premier mars 1626, Charles IV réunit les États-généraux, et afin de se les concilier, fit ce jour même, en leur présence, son entrée solennelle à Nancy, jura et promit solennellement et en parole de prince, de garder, maintenir et entretenir les gens d'église, l'ancienne chevalerie, la noblesse et le commun peuple en leurs droits, anciennes libertés, franchises et usages, ainsi que l'avaient fait ses prédécesseurs (1). (Son inconstance lui fit bientôt oublier ce serment.) Dans l'acte notarié qui fut rédigé à cette occasion, nous retrouvons comme témoin et nommé le premier après le clergé, haut puissant et honoré seigneur Charles-Emmanuel comte de Tornielle, toujours qualifié de grand-maître de l'hôtel de Son Altesse et de chef de ses finances.

Le 23 du même mois les députés des Etats, en se séparant, le choisirent encore comme l'un de ceux qui devaient répondre en leur nom à diverses propositions que leur avait adressées Charles IV. Mais les événements qui venaient de se passer et dont le peuple lorrain était demeuré le spectateur muet, ne devaient pas être accueillis avec beaucoup d'enthousiasme par un homme dont la vieille expérience s'était formée et mûrie sous le gouvernement populaire de Charles III et de Henri II. Si quelqu'un dut gémir de la conduite tenue envers la vertueuse fille du dernier de ces ducs, ce fut évidemment le marquis de Gerbéviller. Nous supposons qu'après s'être acquitté avec une consciencieuse dignité de la mission dont l'avait chargé les États, et avoir eu le courage de dire hautement, avec ses collègues, à Charles IV, que les dispositions du testament de René II, sur lesquelles il appuyait ses droits, n'avaient jamais été bien connues par les gentilshommes lorrains, il se retira peu à peu de la cour, et alla passer dans ses terres les dernières années de sa vie. Il n'eut cependant pas le bonheur de mourir avant d'avoir vu les malheurs qu'attira sur notre patrie un prince aussi dépourvu de sentiments pour son peuple que pour une épouse dont il ne se montra jamais digne.

(1) Manuscrit de la bibliothèque d'Epinal, n° 151, p. 45.

Pendant ces temps de calamités où le grand seigneur ne fut guère plus épargné que le dernier des sujets, Emmanuel de Tornielle vit tour à tour la peste, la guerre et la famine porter la désolation et la misère dans nos villes et nos campagnes ; il fut témoin des souffrances qu'eurent à endurer nos pères, de la destruction de leurs demeures, de la dévastation et de la ruine de ses châteaux de Beaufremont, de Valhay et de Gerbéviller (1636). Errant en quelque sorte avec sa famille au milieu de tant de ruines, il succomba en 1648, sans même avoir eu la consolation d'entrevoir la fin de tant d'infortunes.

Dans le courant de cette année, il avait visité Gerbéviller et y avait mis pied à terre chez le sieur Mayeur, hôtellier ; la commune dépensa une somme de 78 francs dix gros pour sa réception.

L'attachement pour leurs souverains fut de tout temps le caractère distinctif des lorrains ; ils témoignaient le même sentiment pour les seigneurs sous la domination desquels ils vécurent, et aujourd'hui encore, il est facile de le reconnaître à l'égard des fonctionnaires sous la direction desquels les place le Gouvernement. Lorsque la nouvelle de la mort de Charles-Emmanuel de Tornielle fut apprise à Gerbéviller, la municipalité fit sonner les cloches pendant quarante-trois jours (1), afin de provoquer les prières des fidèles à l'intention de l'âme de l'illustre et bienfaisant marquis. C'était là une preuve non équivoque d'une véritable affection, car l'action était à la fois volontaire et spontanée.

Si dans la longue notice que nous venons de consacrer à Joachim-Charles-Emmanuel de Tornielle, nous avons eu peu à parler de la baronnie de Beaufremont, c'est que les documents nous ont complétement manqué. A défaut de pièces écrites,

(1) *Notice historique sur Gerbéviller*, par **F. Piérot**, page 110. Afin de se ménager les bonnes grâces du valet de chambre de l'illustre défunt, les habitants de Gerbéviller lui firent un présent de dix aunes de toile de lin. La dépense pour cet objet se porta à 19 francs 10 gros.

nous avons interrogé les restes du château, et il nous souvient d'avoir vu sur plusieurs pierres éparses, la date de 1617, qui annoncerait qu'à cette époque, des travaux importants y furent exécutés, soit pour des reconstructions, soit pour les nouvelles distributions devenues nécessaires à la suite du partage de 1589. Il paraît cependant qu'après son mariage avec Anne du Châtelet (1), ce seigneur habita peu l'ancienne demeure de nos barons; mais il y conserva toujours, comme ses successeurs, un intendant et des serviteurs de sa maison.

Il eut de cette épouse Charles-Joseph de Tornielle dont nous allons parler, et Henriette de Tornielle mariée à Georges-Africain de Bassompierre, marquis de Removille, mort en 1632, fils de Christophe II, baron de Bassompierre, seigneur d'Haroué, et frère du fameux maréchal de France, François de Bassompierre.

Charles-Joseph de Tornielle, dit le comte de Brionne, baron de Beaufremont.

Charles-Joseph de Tornielle, connu sous le nom de comte de Brionne, succéda à son père comme marquis de Gerbéviller, baron de Beaufremont, seigneur de Bulgnéville et de Deuilly.

Dès 1622, il était grand-maître de la garde-robe et grand chambellan du duc Henri II, et son ambassadeur en Espagne (2).

Par un premier mariage, il avait épousé Claude-Dorothée de Porcelet, nièce de Jean de Porcelet, évêque de Toul, fille d'André de Porcelet de Maillanne, seigneur de Valhay, conseiller d'État, maréchal du Barrois, gouverneur de Marsal, et d'Élisabeth de Sarnay, dame de Ville et de Frouart.

Vers 1624, sa famille fut attristée par la perte qu'il fit

(1) Suivant Moréri, art. Bassompierre, Anne du Châtelet fut dame d'honneur de la duchesse de Lorraine.

(2) Moréri, *généalogie de la maison de Tornielle*, p. 750, et Lyonnois, *Histoire de Nancy*, t. 2, p. 152.

à la fois de deux jeunes filles, peut-être les deux premiers enfants qu'il ait eus. Il paraît qu'il fut lui-même très-sensible à cette perte, ainsi que l'annonceraient les belles stances que lui adressa alors le poète lorrain Henri Humbert. Ce poète, dans un passage remarquable, lui dit :

> Que si la mort n'estoit un sort héréditaire,
>> Où l'homme est tributaire,
> Tu devrais à jamais plaindre ton accident.
> Mais ne sçais-tu pas bien que le dard qu'elle élance,
>> Confond sans différence,
> L'Orient de nos jours avecque l'Occident ?
> A peine naissons-nous dans la pénible couche,
>> Que jà la mort nous touche,
> Et devers le cercueil achemine nos pas.
> Chaque heure de nos jours en cette triste vie,
>> A nos jours est ravie,
> Et ce que nous vivons est acquis au trespas (1).

Nous supposerions volontiers que H. Humbert, qui était aveugle, fut l'un des protégés de la maison de Tornielle. En 1627, il donna encore une preuve de la connaissance intime qu'il avait de cette puissante famille, dans le récit qu'il publia du carrousel qui eut lieu, sur la Carrière de Nancy, le 14 février, et dont Callot a gravé les scènes sous le titre de *Combat à la barrière*. La muse du poète prête au comte de Brionne qui représenta Jason, un discours de vingt vers dont les quatre derniers renferment évidemment une allusion à la Lorraine et sont ainsi conçus :

> Je sçais que ce païs produit de rares hommes,
> Et qu'il fournit des Mars dans le siècle où nous sommes,
> Mais j'ay cela de plus qu'où je porte mon cœur,
> Il est toujours vainqueur (2).

(1) *Recherches historiques et bibliographiques sur l'imprimerie en Lorraine*, par Beaupré, p. 564 et 565.
(2) *Ibid. Mémoires de l'Académie de Stanislas*, année 1855, page 596.

Sur la planche gravée par Callot, au sujet de *l'Entrée au combat* de *M. le comte de Brionne,* ce seigneur est encore qualifié de grand chambellan de Son Altesse, ce qui indiquerait qu'il conserva, sous Charles IV, cette place d'honneur qui lui avait été donnée par Henri II, et qu'il en exerça les fonctions au moins pendant les quelques années de paix qui précédèrent l'invasion française.

Au mois de juillet 1630, le feu du ciel tomba sur la tour de l'église de Gerbéviller, consuma entièrement la charpente, et fondit même les cloches. La commune ayant voté une gratification de 50 francs aux citoyens qui avaient le plus contribué à empêcher l'incendie d'étendre ses ravages, une bonne partie de cette somme servit à récompenser le dévouement des serviteurs de M. le comte de Brionne (1).

Charles-Joseph de Torniellc fut-il occupé à la guerre ou dans l'administration pendant les années qui suivirent? accompagna-t-il Charles IV, ou vécut-il en simple particulier dans l'une de ses terres? nous ne pouvons résoudre aucune de ces questions. Nous savons seulement que Claude-Dorothée de Porcelet étant morte, il épousa en secondes noces, en 1640, Susanne de Hautefeuille de laquelle naquit Anne de Torniellc, mariée au baron de Samboin (2).

Outre les deux jeunes filles mortes en 1624, il eut de sa première union 1° Gabrielle de Torniellc, mariée au baron de Clinchamp, maître-de-camp général des Espagnols en Flandre; 2° René-Raphaël de Torniellc (3), marquis de Gerbéviller, mort sans postérité, marié en 1650 à demoiselle Angélique de Choiseuil, fille de Ferri de Choiseuil, capitaine des gardes du corps et premier gentilhomme de la chambre de Gaston de France, duc d'Orléans, 3° Jean-Baptiste-Gaston de Torniellc, marquis de Gerbéviller après son frère, et

(1) Piérot. *Notice historique sur Gerbéviller,* p. 96.
(2) Dom Calmet. *Histoire de la maison du Châtelet,* et Moréri, p. 756.
(3) Il paraît que ce seigneur était mort avant l'année 1654.

4° Henri-Hyacinthe de Tornielle dont nous parlerons plus loin (1).

Après le décès de son père en 1648, Charles de Tornielle envoya en Italie les sieurs Mangin et Briat, pour s'y occuper des possessions dont il venait d'hériter à Brionne et à Solarolle. Un passeport en latin fut délivré par le duc Charles IV pour ces deux commissaires. Voici la traduction de cette pièce dont nous donnons ci-dessous le texte (2) :

« Charles, par la grâce de Dieu, etc.

» Comme il nous a été exposé par notre cher, féal et ami, Charles de Tornielle, comte de Brionne et marquis de Gerbévillers, qu'il était nécessaire que, pour des affaires urgentes

---

(1) *Ibid.* Dom Calmet et Moréri.

(2) Carolus, Dei gratiâ, etc. Cum nobis a dilecto, fideli amantissimoque nostro Carolo Torniellæ atque Brionii comite, marchione Gerbevillersi, fuerit expositum sibi pro rebus negotiisque suis urgentibus necessarium esse ut in Italiam peculiariter vero in Ducatum Mediolanensem ad suas possessiones, scilicet quæ sunt Solarollæ atque Brionii, etc. Claudium Mangin et Nicolaum Briat, in suis rebus domesticis privatisque peritos transmittat et in hanc finem fiduciarias a nobis litteras expetierit. Omnibus et quibusvis nostræ militiæ, tribunis, generalibus, marescalis, colonellis, capitaneis, officiariis et militibus tam peditibus quam equitibus, prepositis urbium locorumque ballivis, imo et subditis qui sub nostro degunt Imperio mandamus, ut prefatos Mangin et Briat quocunque locorum progressuri fuerint secure libereque transire ac morari eundo redeundoque, sinant curentque ubicunque negotiorum illis commissorum qualitas exiget; ne ullis detrimentis molestiisque afficiantur quin potius a cunctis nbi necessitas postulaverit auxiliis opportunis juventur. Precamur insuper quosvis pretores et consules provinciis prepositos, tribunos plebis et militiæ, magistratus justitiæ præfectos subditosque qui subditione principium et rerum publicarum nobis amicarum degunt ut predictos libere commorari divagarique quocunque ipsis opus fuerit absque detrimento et molestia, permittant ipsisque ita opitulentur ut nulla querimoniæ causa sed satisfactionis exhibeatur parem in requisitis pollicentes gratiam et favorem. In quorum fidem presentes litteras propria manu subsignavimus et ab uno secretis et mandatis nostris obsignari sigilloque nostro secreto muniri curavimus.   Datum Bruxellæ.

(Manuscrit de la bibliothèque d'Epinal, n° 149. Lettres du duc Charles IV.)

qui le concernent, il envoyât dans ses possessions situées en Italie et surtout dans le duché de Milan, lesquelles sont Solarolle, Brionne, etc., Claude Mangin et Nicolas Briat, chargés de ses intérêts domestiques et privés, et qu'à cette fin il nous demandait pour eux des lettres de créance.

» Ordonnons en conséquence à tous tribuns de notre armée, généraux, maréchaux, colonels, capitaines, officiers et soldats de nos troupes à pied et à cheval, aux baillis des villes et bourgs, enfin à tous nos sujets, de faire en sorte que les susdits Mangin et Briat puissent circuler en tous lieux sûrement et librement, qu'ils les y laissent passer et demeurer en allant et en revenant, et qu'ils ayent soin que dans aucun des lieux où leurs affaires les appelleront, il ne leur soit fait aucun dommage ni aucune vexation, mais qu'au contraire ils reçoivent de tous les secours opportuns dont ils auraient besoin ;

» Prions en outre tous préteurs et consuls des provinces, tribuns du peuple et de l'armée, magistrats chargés de la justice, et sujets des princes et républiques qui sont nos amis, de laisser les susdits librement demeurer et voyager partout où besoin leur sera, sans qu'ils éprouvent aucun dommage ni vexation, et de leur venir en aide de telle sorte qu'au lieu de se plaindre, ils n'aient qu'à se louer de tous.

» Promettons au besoin pareille bienveillance et appui.

» En foi de quoi nous avons signé les présentes lettres de notre propre main, les avons fait contresigner par un de nos secrétaires et revêtir de notre sceau.

» Donné à Bruxelles. » (En 1648 ou 1649.)

Un manuscrit de la bibliothèque publique de la ville d'Épinal, extrait d'un travail de Calot, héraut d'armes de Lorraine, et rédigé vers 1654, porte la note suivante (1) :

« Charles de Tornyelle comte de Brionne, marquis de Gerbéviller, qui reste seul de cette maison avec deux fils

---

(1) Ce manuscrit porte pour titre *Le Héraut de Lorraine*, par François Perrin de Dommartin.

de feu sa première femme, fille du Sr de Maillanne, porte à présent les armes simples, au lieu que cy devant, il portait escartelé de Chalant, d'Arberg, de Miolans, de Bauffremont, de Portugal, du Chastelet, et d'Aoust vicomté, sur le tout de Tornyelle ou Tornielly, maison originaire de la ville de Novarre au Milannais, laquelle il dit être venue de Hongrie. Ce seigneur possède aujourd'huy deux comtés dans l'Estat de Milan, Brionne et Solarolle. Sa famille est l'une des soixante qui composent le sénat Milanais auquel il aurait voix délibérative s'il demeuroit en cet Estat et ainsi s'exempteroit des taxes que le roy d'Espagne, comme duc de Milan, a droit d'imposer sur les biens féodaux et autres pour subvenir aux guerres et charges ordinaires et extraordinaires dudit Estat qui espuisent presque tout le revenu de ces deux comtés.

» Ce seigneur est aussi grand chambellan du duc de Lorraine, et en cette qualité estoit garde des sceaux en cette province, avant la guerre, sans en porter le titre, et faisoit sceller en sa présence par le premier valet de chambre du duc, sans entrer pour ce en compétence avec le chef du conseil, ny y tenir autre rang que de conseiller d'Estat. »

En 1654, le prévôt de M. le comte de Tornielle, à Beauffremont, était Jean-Antoine Tranchot (1), dont une des proches parentes, Philiberte Tranchot avait épousé noble Nicolas de Landrian, intendant des affaires de madame de Lenoncourt.

---

(1) Tranchot (Antoine), prévôt et gruyer de Beauffremont, fut annobli par lettres de Charles IV, duc de Lorraine, données à Nancy, le 5 juillet 1666, portant : « qu'il a servi en qualité d'enseigne-lieutenant, et même » de capitaine pendant le blocus de La Mothe; mena depuis une compagnie » d'infanterie levée à ses frais et dépens au château de Vicherey, où ayant été » fait prisonnier et mené à Nancy, il paya sa rançon de ses propres deniers; » et ayant encore depuis monté et équipé son frère aîné pour servir dans le » régiment du prince de Vaudémont, en la compagnie du sieur Mortal, etc. » Porte d'azur, à trois traits péris en pal d'or, armés et empennés d'argent, liés de gueules, et aboutis de trois étoiles d'or, et pour cimier une étoile de l'écu. (Fol. 40, vers. regist. 1666. (*Nobiliaire de Lorraine*, p. 796 et 797.)

A la même date, le principal agent de sa maison au même lieu était Claude Maillard, demeurant au château, qui, dans les actes publics, prend le titre d'intendant des affaires du seigneur comte de Tornielle et de Brionne, dans ses baronnies de *Beauffremont*, de Deuilly et seigneurie de Bulgnéville (1). En 1660, le même Claude Maillard se dit intendant des affaires des seigneurs marquis de Gerbéviller et comte de Tornielle, ce qui donnerait à supposer qu'à cette date, les revenus de la maison de Tornielle à Beaufremont se partageaient entre plusieurs membres de cette famille. Voici d'ailleurs, à l'appui de cette supposition, une lettre qui vient du duc de Lorraine, Nicolas-François, revêtu de l'autorié ducale pendant la détention de Charles IV en Espagne.

Lettre de S. A. Monseigneur le duc à Monsieur le comte
de Brionne.

« Monsieur le comte, je reçois tant de satisfaction des
» bons et aggréables services que rend près de ma personne,
» le Sʳ Marquis de Gerbéviller votre fils, et de l'attachement
» particulier qu'il prend à mes interrets, que je me vois comme
» obligé d'avoir quelques bonnes volontés pour les siens,
» et d'employer auprès de vous à cet effet mes intercessions,
» pour luy obtenir de votre aggrément et bonté paternelle
» la jouissance de la terre de Beaufremont pendant cinq ou
» six ans. Il auroit d'autant plus de subjet de veiller à sa

(1) Le comte de Brionne eut aussi pour intendant de sa maison un gentilhomme nommé Esmict ; on lit en effet dans le *Nobiliaire de Lorraine* : « Esmict (Jean), natif du bailliage de Vosges, intendant, de la maison du comte de Brionne, fut annobli le 20 mars 1627. Porte d'argent au chevron d'azur chargé d'une fleur de lys d'argent, accompagné en chef de deux aigles de sable, et en pointe une croix encrée de gueules, et pour cimier un aigle naissant de l'écu. » La considération dont jouissait les comtes de Tornielle à la cour de Lorraine rejaillissait jusque sur les employés de leur puissante famille.

» conservation, et moy de luy accorder touttes les grâces et
» protections qu'il pourroit espérer des bons sentiments que
» j'ay de ses dicts services, et de leurs mérites, sy vous vous
» en relaschés à mon instance et considération, vous asseurant
» que je prendray un soing tout particulier de vous en faire
» paroistre mes ressentimens, et qu'aux occasions où il yra
» de vostre service, j'essayeray de vous faire cognoistre que
» je suis avec beaucoup de sincérité,

» Monsr le comte,

» *Vostre très-affectionné*
» *amy.*

       » LE DUC FRANÇOIS DE LORRAINE. » (1)

» A Châlons ce 30ᵉ décembre 16..(2).

Le marquis de Gerbéviller dont parle cette lettre nous
semble être Gaston-Jean-Baptiste de Tornielle, second fils
du comte de Brionne. La condescendance au désir exprimé
par le prince lorrain aurait alors donné à Beaufremont un
nouveau seigneur, ne jouissant pas toutefois du droit de
disposer de la seigneurie, ce qui expliquerait la double
qualité prise par l'intendant Claude Maillard.

Dans une autre lettre, le duc Nicolas-François recommandant le comte de Tornielle au maréchal de la Ferté-
Senneterre, le désigne comme « un homme de naissance

---

(1) Manuscrit de la bibliothèque d'Épinal, n° 155". Ce manuscrit contient
une certaine quantité de copies des lettres écrites en différentes circonstances,
par les ducs Charles IV et Nicolas-François, et par d'autres personnages de
leur époque. Toutes ces lettres sont précieuses pour l'histoire de notre
province.

(2) La date de cette lettre paraît être le 30 décembre 1655. En effet, le 2
et le 8 janvier de l'année 1656, le Sr Vautrin, conseiller et secrétaire d'État
de Son Altesse, écrivait de Châlons, au cardinal Mazarin, et de la part du
duc Nicolas-François, des lettres dont les réponses sont du 18 et du 26 du
même mois, (ce qui indiquerait que le prince fit quelque séjour dans cette
ville après son entrée en France.)

et de mérite, qui ne demande que le simple couvert pour lui et ses gens sans estre à charge aux peuples (1). » Ces lettres et ces paroles, qu'elles aient rapport à Charles-Joseph ou à l'un de ses fils, officier dans l'armée Lorraine, prouvent toute l'estime que le prince avait pour cette famille distinguée.

Le zèle pour l'intérêt des ducs de Lorraine n'empêchait pas les comtes de Tornielle de conserver une noble dignité dans les rapports qu'ils avaient avec eux. Jamais la chevalerie des duchés n'eut de plus ardents défenseurs de ses prérogatives, et, plus d'une fois, ils s'exposèrent à des disgrâces pour soutenir les institutions qui obligeaient nos ducs à gouverner suivant ces principes, qui font la vraie gloire des souverains, en même temps qu'ils gagnent le cœur et qu'ils établissent la sécurité des sujets.

Ce fut certainement pour avoir voulu gouverner sans contrôle, pour avoir aboli de fait les réunions annuelles des états-genéraux et le tribunal des assises, ces modérateurs de la puissance ducale, que Charles IV, qui n'écouta jamais de conseils que ceux de sa bizarre volonté, tomba dans les fautes impardonnables qui firent de sa vie, la vie d'un aventurier, de son règne, le règne le plus malheureux qu'ait vu la Lorraine.

Lorsqu'après le traité de Vincennes, signé avec la France le 28 février 1661, ce prince rentra dans ses états dépeuplés et ruinés, plusieurs gentilshommes lui demandèrent de faire revivre ces deux institutions, supprimées en quelque sorte depuis près de trente ans, mais il éprouvèrent un refus formel. Rebutés plusieurs fois, ils ne rabattirent cependant rien de leur fermeté. La rigueur exercée contre le baron de Saffre qui fut banni, contre le comte de Ludres et plusieurs autres, qui furent consignés et gardés dans leurs châteaux, ne les empêcha pas de se réunir à Liverdun, et de dresser une requête qu'ils signèrent en rond, pour mieux témoigner

(1) Manuscrit d'Epinal, n° 153.

que tous étaient animés des mêmes sentiments. Le comte
de Brionne et plusieurs des nobles confédérés se rendirent
à Bar et présentèrent cette requête à Charles IV. Les chevaliers
lorrains y soutenaient que leurs priviléges étaient plus anciens
que la souveraineté; que leurs aïeux, en se donnant des
princes, avaient limité leur pouvoir, et pris soin de se
conserver à eux-mêmes certaines prérogatives qui, par une
succession non interrompue, étaient passées jusqu'à eux,
et que tous les souverains, à leur avènement à la couronne,
avaient juré de maintenir ces prérogatives; que ce n'était
qu'à ces conditions que S. A. était montée sur le trône;
que les anciens chevaliers, en lui faisant serment de fidélité,
avaient reçu son propre serment, et que l'engagement étant
réciproque, la bonne foi devait, de part et d'autre, présider à l'exécution de la parole jurée. Le duc ayant entendu
ces observations, s'emporta tellement, qu'il fit commander
par Mitry, enseigne de ses gardes, au comte de Brionne
comme chef du parti, et ensuite à tous les chevaliers qui
l'avaient accompagné, de sortir immédiatement de la ville,
de sorte qu'après leur départ, il demeura sans noblesse et
sans autre suite que celle de ses domestiques (1).

La réflexion ne fit pas revenir Charles IV à plus d'égards
pour les anciennes coutumes qui étaient comme la constitution
traditionnelle de la Lorraine, et bientôt, son esprit inconstant
replongea sa famille et ses sujets dans de nouveaux malheurs
qui mirent en question l'existence même de la nationalité
lorraine.

Le fait que nous venons de rappeler prouve que Charles-
Joseph de Tornielle ne fut pas un courtisan, et que pour
avoir vécu à la cour de princes auxquels il fut dévoué, lui
et sa famille, il n'en conserva pas moins, dans toute son
intégrité, le caractère élevé qui distingue l'homme de bien.

Le dernier acte où nous ayons vu figurer le nom de ce

____

(1) Lyonnois, *Histoire de Nancy*, t. 1, p. 333, et Digot, *Histoire de
Lorraine*, p. 562.

seigneur, est un dénombrement qu'il fit au duc de Lorraine, le 15 décembre 1665, pour la baronnie de Beaufremont, Blevaincourt, Rosières, etc. (Ce dénombrement se trouve à la bibliothèque impériale, *Addition à Dufourny*, *Foug*. 3.)

Gaston-Jean-Baptiste de Tornielle, marquis de Gerbéviller, baron de Beaufremont.

Gaston-Jean-Baptiste de Tornielle succéda à Charles-Joseph de Tornielle, son père, dans les principaux domaines de sa famille. Nous rapportons sa naissance au temps du séjour de Gaston d'Orléans à la cour de Lorraine (1629—1631), et nous pensons qu'il fut tenu sur les fonds baptismaux par ce prince, frère du roi Louis XIII, qui lui donna son nom.

Dans un acte de la paroisse de Beaufremont, du 11 décembre 1651, où il avait bien voulu lui-même, quoique absent, accepter d'être le parrain de Gaston-Charles, fils de l'intendant Claude Maillard, il est qualifié simplement de marquis de Gerbéviller; mais dans la suite, il s'intitula ordinairement seigneur de Gellenoncourt, Bauzemont, Frouart, etc., grand chambellan, gouverneur et bailli de Nancy, colonel de cavalerie pour le service de Charles IV, duc de Lorraine, et son ambassadeur en Angleterre et en Hollande (1).

Il épousa, vers 1663, Charlotte d'Estournels. Ce mariage donna aux habitants de Gerbéviller l'occasion de montrer toute leur sympathie pour leur honoré seigneur. La commune acheta, pour être donnés en présent à Mme la Marquise, des flambeaux et des mouchettes qui coûtèrent 613 fr. 6 gros. Une livre de poudre fut aussi employée par les gens en armes pour fêter la bienvenue des illustres personnages (2).

(1) Moréri, p. 750, et D. Calmet, *Histoire de la maison du Châtelet.*
(2) F. Piérot, *Histoire de Gerbéviller*, p. 112.

Il faut bien le reconnaître, une telle générosité ne pouvait être que pour la célébration du *joyeux avènement* de Madame.

Le marquis de Gerbéviller fut nommé gouverneur de Nancy en 1665, et c'est en cette qualité qu'il assista, au mois de novembre, à l'entrée solennelle de Marie-Louise d'Apremont, et qu'il présenta les clefs de la ville à la jeune duchesse que le vieux Charles IV venait de donner aux lorrains (1). Mais si, pendant les troubles de la guerre, il put conserver la charge de bailli de Nancy, qu'il avait aussi reçue du même duc de Lorraine, il lui aurait été peu possible d'y exercer les fonctions de gouverneur que la France lui aurait interdites (2). Ce fut, néanmoins encore, en remplissant un devoir de cette place, qu'au mois d'août 1670, il avertit le duc de Lorraine de l'arrivée de Fourille, maître de camp général de la cavalerie française, et trois jours après, de l'approche d'un corps de troupes que Louis XIV faisait marcher secrètement dans le dessein de s'emparer de sa personne et de le dépouiller sans retour de ses états. Grâce à ces avertissements, qui montrent la vigilance d'un sujet fidèle, Charles IV put quitter à temps la ville de Nancy, et, en se dirigeant sur les Vosges, échapper aux piéges de son ambitieux ennemi (3).

La charge de bailli de Nancy lui imposait le devoir de veiller à tout ce qui concernait la police de la ville ; il eut surtout le soin de travailler, autant qu'il le put, à empêcher les désordres, à maintenir le respect des mœurs parmi la population. Dans ce but, il fit publier, de concert avec le président et les conseillers de la chambre du Conseil de la ville de Nancy, le 28 février 1684, une ordonnance contre les bourgeois qui « tenaient berlans et jeux publics et qui attiraient les jeunes gens et fomentaient leurs débauches (4). »

(1) Digot, *Histoire de Lorraine*, t. 5, p. 584.

(2) Lyonnois, *Histoire de Nancy*, t. 1, p. 560 et 562.

(3) Dom Calmet, Lyonnois et Digot. Dans les histoires publiées par ces auteurs.

(4) Lyonnois, *Histoire de Nancy*, t. 2, p. 74.

L'auteur de la *Notice historique* sur Gerbéviller (1), publiée en 1851, donne, sur le caractère de Gaston de Torniclle, d'intéressants détails auxquels nous emprunterons les faits et la plupart des passages suivants.

Ce seigneur, d'une haute stature, à la chevelure abondante et soyeuse, aux moustaches retroussées, au teint pâle, reflétant toutes les passions d'une jeunesse orageuse, présentait le plus beau type aristocratique qu'il fût possible de voir. Toutefois, derrière l'expression altière de son visage, on découvrait sans peine la bonté et la libéralité, ces précieuses vertus d'un grand cœur.

De concert avec son frère Henri, il fit, en 1672, à Gerbéviller, une fondation de 8,000 fr., dont 2,000 fr. servirent à l'achat d'une maison, et le reste à l'achat d'un gagnage pour le logement et l'entretien de quatre filles dévotes, qui devaient se consacrer à l'instruction gratuite des enfants pauvres de leur sexe (2).

Quoique grand seigneur, le marquis de Gerbéviller ne dédaignait pas les présents que lui faisaient parfois ses sujets, et ceux-ci ne manquaient guère de lui offrir des étrennes chaque année, ainsi qu'à Mme la marquise. En 1684, ils firent pour cet objet une dépense de 562 fr. (3). Souvent, il se montrait lui-même généreux à leur égard. En 1688, il remit à la commune les chambres et greniers situés au-dessus de la porte Notre-Dame, à condition que les habitants établiraient un auditoire et une prison civile. En 1691, il leur cédait un terrain pour la construction d'une halle et fournissait lui-même les bois et les tuiles nécessaires pour cette construction (4).

Affable et bienveillant pour tous, comment Gaston de

(1) M. Piérot, l'auteur de cette *Notice*, a puisé aux archives de l'hôtel-de-ville de Gerbéviller la plupart des faits qu'il rapporte.

(2) *Notice sur Gerbéviller.*

(3) *Ibid.*, p. 114.

(4) *Ibid.*, p. 118.

Tornielle n'aurait-il pas joui de la plus grande popularité ?
Aussi , dit M. Piérot , à son arrivée dans sa bonne terre ,
chacun s'empressait-il d'aller lui offrir les plus beaux produits
de ses récoltes. L'un apportait le lait encore chaud de ses
vaches , l'autre ses plus grasses volailles , un troisième
présentait la toile tissue de son plus beau lin. Les, moins
fortunés offraient des œufs, du beurre, du poisson ou des
écrevisses. Gaston , ému à la vue de cette attention affec-
tueuse de ses sujets , n'acceptait jamais que la plus faible
part de tous ces dons. Un jour , entre autres , il ajouta ,
en congédiant les notables députés vers lui : « Mes amis,
» mille fois merci pour votre bonne affection , mais reprenez
» toutes ces choses ; mon intendant va vous en acquitter
» la valeur , car je sais que depuis longtemps vous les destinez
» au marché. Seulement , je veux qu'unis en famille , vous
» en tiriez le meilleur parti. Je serai heureux qu'on ne puisse
» dire que sur mes terres , ceux qui cultivent le blé ne
» mangent jamais de froment ; que ceux qui sèment les verts
» pâturages et engraissent de nombreux troupeaux ne mangent
» jamais de viande ; que ceux qui font fructifier la vigne ,
» ne boivent jamais de vin ; que ceux qui récoltent la chaude
» toison des brebis , grelottent sous de sales haillons. Allez
» donc un moment secouer vos misères avec la générosité
» de votre seigneur. »

Ces belles paroles , sorties du cœur , révèlent chez le grand
chambellan de Charles IV, une haute intelligence de la
véritable noblesse ; les sentiments d'humanité qu'elles renferment lui font honneur et témoignent que , comme la
plupart de ses aïeux , il comprit que l'attachement et les
bénédictions de ceux à qui l'on commande sont les plus pures
jouissances que puissent se procurer les hommes élevés au-
dessus de leurs semblables.

De son côté, Charlotte d'Estournels , son épouse, accordait
une sollicitude toute spéciale aux enfants des pauvres : elle

____

(1) *Ibid.*, p. 118 et 119.

voulait qu'ils fussent élevés dans les sentiments d'une tendre piété et d'une touchante affection pour leurs pères et leurs mères. « Qui a plus besoin que l'indigent, disait-elle, du » secours et des affections de la famille. Il est seul au monde. » Il n'a rien pour les sens et la vanité. Il habite un logement » humide et misérable où l'amour pourtant peut encore pé- » nétrer, parce qu'il s'infiltre partout. Aussi, voyez le pauvre » quand il a froid, il prend ses enfants sur ses genoux, » les couvre de ses caresses, et sent qu'il est encore homme » parce qu'il est père ! Travailler à orner les cœurs de ces » jeunes créatures, c'est donc travailler à la félicité de ceux » qui n'ont pas eu l'aisance en partage (1). » Nobles paroles ! bien dignes de la compagne de Gaston de Tornielle.

Comme ces généreux époux n'avaient pas d'héritiers directs, ils adoptèrent en quelque sorte les pauvres pour leurs enfants, et poussèrent la bonté d'âme et l'esprit de charité jusqu'à vendre leurs propres biens pour satisfaire à leurs désirs de bienfaisance et de dévouement. En 1691, messire Gaston de Tornielle vendit à Laurent Pancheron, écuyer, seigneur des hautes et basses Ferrières, ses droits de seigneur de Giriviller et d'Essey-la-Côte, moyennant 35,000 fr. barrois de principal. Dans l'acte de cession, il réserva vingt louis pour une coëffe à son épouse et dix pistoles pour les *francs-vins* (2). Cette vente ne fut pas le seul démembrement qu'il fit dans son marquisat de Gerbéviller et dans les autres terres qu'il avait eues de ses parents.

Vers 1687, peut-être même plus tôt, la part que les comtes de Tornielle possédaient dans la baronnie de Beaufremont avait aussi été vendue à la famille du sieur Labbé, ancien président de la Cour des monnaies à Paris, ensuite secrétaire d'État du duc de Lorraine et président de la Chambre des comptes de Nancy, mais nous n'avons pu découvrir si cette vente fut faite par Gaston de Tornielle ou par son frère

(1) *Ibid.*, page 121.
(2) *Ibid.*, page 120.

Henri, dont nous allons parler, et qui paraît être le dernier
de sa famille qui ait porté le titre de baron de Beaufremont.

Plus tard encore, en 1692 et 1696, Gaston-Jean-Baptiste
de Tornielle, Saladin d'Anglure, et Chrestienne du Châtelet,
son épouse, vendirent la baronnie de Bulgnéville à Gustave
Dessales qui, en 1699, obtint du duc Léopold des lettres
de confirmation de cette vente (1).

En commençant l'année 1696, les notables et les officiers
de la chambre de ville de Gerbéviller délibérèrent qu'il serait
baillé pour étrennes à M. le marquis et à Mme la marquise,
vingt-deux écus de trois livres l'un à chacun, et qu'il serait
fait un présent honnête de gibier à *Monseigneur* l'Intendant. C'était la dernière fois que le populaire Gaston de
Tornielle devait recevoir les vœux et les dons de ses fidèles
sujets. Le dix-septième jour d'octobre de la même année,
au retour d'une promenade à travers la campagne, il se
sentit mal. Il envoya chercher en toute hâte l'abbé Laurent.
Ce digne prêtre le trouva déjà sans voix. Le vieux marquis,
en l'apercevant, leva les yeux au ciel, saisit les deux mains
du pasteur et les garda dans les siennes jusqu'à son dernier
soupir. Ses dépouilles mortelles reposent à Gerbéviller, avec
celles de ses illustres aïeux (2).

Après la mort de son mari, Charlotte d'Estournels se retira
chez les religieuses de la Visitation de Nancy. En 1700,
la mère Perrin l'attacha à ce monastère en qualité de bienfai-
trice, et jusqu'à sa mort, elle suivit tous les exercices de
la vie religieuse, et porta même l'habit, mais sans faire
aucun vœu public, pour éviter toute charge et dignité (3).

**Henri-Hyacinthe, comte de Tornielle,
baron de Beaufremont.**

A Gaston de Tornielle, mort sans postérité, succéda son
frère, troisième fils de Charles-Joseph, comte de Brionne,

<hr>

(1) *Statistique des Vosges*, page 85.
(2) *Histoire de Gerbéviller*, p. 114 et 122.
(3) Lyonnois, *Histoire de Nancy*, t. 2, page 556.

Henri-Hyacinthe de Tornielle, comte de Deuilly et de Brionne, baron de Beaufremont et de Bulgnéville, seigneur de Valhay, gouverneur et bailli de Lunéville, capitaine des gardes du corps de Charles IV, duc de Lorraine, conseiller d'État du duc Léopold et maréchal de Lorraine (1).

Le 28 juin 1656, Henri de Tornielle était à Beaufremont; il y fut parrain du fils d'un sieur Jean Colnot, et apposa sa signature sur l'acte de baptême, où il est qualifié de haut et puissant seigneur (2).

Vers 1667, il fit hommage au duc de Lorraine, pour la terre et seigneurie de Valhay et leurs dépendances, dont la moitié lui venait de la succession de dame Aprone de Porcelet, comtesse de Suse, sa tante, et l'autre moitié avait été par lui acquettée de dame Marie de Porcelet, comtesse de St-Amour, aussi sa tante, à qui elle était échue par partage. Le tout mouvant de son Altesse de Lorraine.

Nous le retrouvons à Épinal en 1670, sous le nom de comte de Tornielle. Charles IV s'étant échappé de Nancy et dirigé vers les montagnes des Vosges, comme nous l'avons déjà dit, l'armée française l'y poursuivit bientôt, et, sous le commandement du maréchal de Créqui, vint mettre le siége devant Épinal, où s'étaient jetés à la hâte, avec quelques gens de guerre et les milices du pays, un certain nombre de gentilshommes, les compagnies lorraines des gardes et des chevau - légers. Le comte de Tornielle fut nommé gouverneur de la ville : en cette qualité, il commandait la place. La ville fut investie le 19 septembre et la tranchée ouverte le 20. Les assiégés se défendirent avec beaucoup de valeur pendant cinq jours. Ils firent même, le premier et le quatrième jour du siége, deux sorties qui furent si vigoureuses que Créqui parlait déjà de convertir le siège en blocus.

Mais que pouvait, contre un ennemi parfaitement pourvu de tout, une faible garnison qui manquait des choses les plus nécessaires, à qui il ne restait pas même des munitions

(1) Moréri, p. 750.
(2) Registre des actes de la paroisse de Beaufremont.

pour un jour? Sur les représentations qui lui furent faites par tous les officiers, le comte de Tornielle voyant l'impossibilité de conserver la place, consentit à demander une honorable capitulation. Le maréchal de Créqui se douta évidemment de la détresse de la garnison, et après avoir d'abord proposé de la recevoir prisonnière de guerre, ce qui ne fut pas accepté, il lui signifia tout simplement l'ordre de se rendre. Le gouverneur, les officiers, les compagnies des gardes et les chevau-légers, furent faits prisonniers de guerre, et le reste des troupes et autres gens, pris à discrétion, pour être traités selon les ordres du roi.

Il fallut subir ces humiliantes conditions. Le comte de Tornielle, consterné d'un insuccès inévitable, qu'avaient prévu les habitants de la ville aussi bien que les chefs des troupes, mais conservant dans le malheur toute la dignité qu'inspire le vrai patriotisme, écrivait au duc de Lorraine : « L'on nous mène prisonniers à Metz : je suis désolé de n'avoir pas perdu la vie avant qu'Épinal fût assiégé. » Pendant les pourparlers qui eurent lieu pour la capitulation, il avait offert de se rendre seul à discrétion pour que l'on accordât à la garnison une capitulation de gens de guerre. Cette généreuse proposition fut rejetée (1).

Nous ne saurions dire combien de temps dura sa détention, ni à quelles conditions il recouvra la liberté. Il est probable qu'il était libre lorsqu'en 1672, il s'associa à son frère Gaston, pour fonder les écoles de jeunes filles de Gerbéviller.

Léopold, reconnu duc de Lorraine et ayant pris le gouvernement des états de ses pères à la suite du traité de Risvick (1697), n'oublia pas les anciens services de Henri de Tornielle : il le créa conseiller d'État, puis maréchal de Lorraine, charge que, d'après Lyonnois, il possédait en 1706.

Ce seigneur, le dernier de sa famille qui ait porté le titre de baron de Beaufremont, avait épousé Marie-Marguerite-

______

(1) Dom Calmet, *Histoire de Lorraine*, t. 3, p. 675 et aux preuves, p. DXCJ et suivantes.

Angélique de Thiercelin, fille de Charles, marquis de Brosse, seigneur de Saveuse, et de Marie de Vienne, cousine germaine du maréchal de Luxembourg, de laquelle il eut :

1° Anne-Joseph de Tornielle dont nous allons parler, et 2° Henri-Hyacinthe, comte de Tornielle, seigneur de Valhay, qui fut grand aumônier de Lorraine, prévôt de la collégiale de St Georges, et grand doyen de la primatiale, mort en 1736.

Anne-Joseph, comte de Tornielle et de Brionne, marquis de Gerbéviller, conseiller d'état du duc Léopold et son grand chambellan, bailli du duché de Bar, puis grand bailli de Nancy (1), épousa, en 1700, Antoinette-Louise de Lambertye, fille de Georges, marquis de Lambertye, maréchal de Lorraine, et de Christine de Lenoncourt (2). Son mariage ayant été stérile, il choisit pour héritier, quelque temps avant sa mort, Camille de Lambertye, neveu de sa femme, qui quitta son nom pour prendre, avec le titre de comte de Tornielle, les armes de cette illustre maison. Anne-Joseph de Tornielle mourut en 1737, et son épouse en 1738. Malgré les éloges d'une pompeuse épitaphe, on reproche à ce seigneur plusieurs exigences féodales qui prouvent qu'il n'imita pas toujours le désintéressement de ses prédécesseurs (3).

(1) Lyonnois, t. 2, p. 584.

(2) *Notice sur Gerbéviller*, p. 158 et suivantes.

(3) On lit dans l'histoire de Nancy par Lyonnois, tome 5, page 311 :

« Dans le sanctuaire de l'Église des pp. Thiercelins, et du côté de l'épître, on a placé dans le mur un fort beau mausolée d'environ vingt pieds de hauteur, sur une largeur proportionnée. Sur un tombeau de pierre, est une urne de marbre noir sur laquelle se repose un génie qui éteint un flambeau ; au côté droit, un autre génie, assis sur un carquois rempli de flèches, tient un casque ; à gauche une corne d'abondance de laquelle sortent des monnaies et des perles est accompagnée **d'un** caducée. Une table de marbre noir, qui se termine en forme de rideau, couvre au haut une tête de mort environnée de trophées d'armes et surmontée de deux écus accolés ; le premier de Tornielle, de gueules à l'écu d'or chargé d'un aigle impérial de sable, environné de deux massues d'or ; le second, de Lambertye, d'azur à deux chevrons d'or, et pour supports un lion et un griffon, avec une couronne de marquis.

La partie occidentale de l'hôtel-de-ville de Nancy a été édifiée par Stanislas, sur l'emplacement qu'occupait l'hôtel de Gerbéviller élevé, sous le règne du duc Léopold, par Anne-Joseph de Tornielle. Cet hôtel, qui avait des remises et un grand jardin, fut payé par ordre du roi de Pologne, duc de Lorraine, le 20 mars 1750, à la dame Barbe Hurault de Morainville, épouse et fondée de pouvoir de M. Camille de Lambertye, la somme de 51,096 livres 6 deniers de France.

En terminant ces recherches sur la famille des comtes de Tornielle, on conçoit tout le regret que nous éprouvons de n'avoir pu retrouver un seul fait sur le séjour et la

Sur cette table de marbre est l'inscription suivante :

« **D. O. M.**

» In cœlo regnatura obiit pridiè kalend. Decemb. anno **MDCCXXXVIII** Domina D. Antonia Ludovica ex comitibus de Lambertye, conjux illustrissima excelsi ac præpotentis Domini D. Annæ Josephi comitis de Tornielle et de Brionne, marchionis de Gerbeviller, *Carolo VI* Rom. Imper. *Leopoldo Francisco III*, regiis Loth. Ducibus a sanctioribus consiliis, summi cameræ præfecti, in suprema Loth. et Barri curia inter senatores equitis honorarii, prætorii Nanceiani magni ballivii postmodùm mœrens ejus vidua, sexûs honor, urbis deliciæ, provinciæ decus, genere magna, amplissimis animi dotibus major, in Deum pietate, in pauperes charitate, in templis exornandis studio, in suos munificentia, invicta in adversis, in diuturnis doloribus, in ultimis fortitudine, existimatione supra famam maxima, conjugum norma, illibata sponso dilectissimo semper servatâ fide, etiam post mortem cordi ejus hic deposito perenni fœdere voluit sociari. Geminatis utrique fave precibus, viator.

Sur une table de marbre noir placée dans le tombeau même, on lit encore ce qui suit :

» Deo misericordi et æternæ ad altare sanctum memoriæ piissimæ mulieris, cujus pietates non defuerunt, quæ erogata huic domui duorum librarum Turonencium millium eleemosina, unum missæ sacrificium in mortis suæ, alterum in sponsi iij kal. Junii anno **MDCCXXXVII** defuncti, annua die celebrandum in perpetuum instituit. »

Le cœur de M. de Tornielle, marquis de Gerbéviller, époux de la dame de Lambertye, enfermé dans une boîte de plomb, fut déposé dans cette église le 31 mars 1737.

conduite de ces puissants seigneurs dans leur baronnie de Beaufremont. La bienfaisance qu'ils exercèrent dans leurs autres seigneuries nous permet d'assurer qu'ils ne furent pas insensibles aux malheurs qui désolèrent nos villages pendant les guerres du XVIIᵉ siècle, et que s'ils ne purent prévenir ces malheurs, ni s'en garantir eux-mêmes, ils les adoucirent du moins autant que cela leur fut possible.

Gabriel-Ferdinand de Madruce, comte de Chalant, baron de Beaufremont.

(XVIᵉ et XVIIᵉ Siècle.)

Le partage de la baronnie de Beaufremont avait donné au fils de Frédéric de Madruce et d'Isabelle de Chalant, la partie sud-est du château de Beaufremont (1). Ce fut là que

(1) Au moment où nous relisons les épreuves de ce travail, nous recevons du laborieux et bienveillant abbé Darras, chanoine honoraire d'Ajaccio et précepteur de M. le prince Eugène de Bauffremont-Courtenay, quelques précieux renseignements qui nous fournissent l'occasion de rédiger la note qui suit :

Outre Ferdinand de Madruce, Frédéric de Madruce et Isabelle (ou Elisabeth) de Chalant eurent encore une fille : Chrétienne de Madruce qui, en 1597, devint l'épouse de Marc-Claude de Rye, marquis d'Ogliani, baron de Diccy, Bouclans, Versel, né et baptisé à Amance, le 21 février 1554, et dont la marraine fut la dame de Valengin.

Marc-Claude de Rye, d'une maison ancienne et distinguée de Bourgogne, suivit les intérêts du duc de Savoie, Charles Emmanuel. Dès 1582, il était conseiller de guerre et colonel entretenu au service de ce prince qui, en 1607, l'institua son grand-écuyer, par lettres-patentes du premier de décembre; l'année suivante, il le nomma gouverneur de Chablais, par patentes du dernier juin, et le même jour, capitaine de l'une des cinq compagnies d'ordonnance déçà les monts, puis enfin maréchal de ses camps et armées.

Pendant les troubles qui agitèrent ensuite la Savoie, Marc-Claude de Rye renvoya le collier de l'ordre de l'Annonciade, dont il était chevalier, et l'archevêque de Tarentaise lui en donna son acquit. Il prétendit ensuite

ce seigneur fixa sa principale résidence. Nous avons déjà dit qu'en 1617, des reconstructions avaient eu lieu dans le vieux manoir; c'est surtout dans le château du seigneur de Madruce que s'exécutèrent ces travaux; ils eurent pour effet de rendre l'habitation de sa famille plus spacieuse et plus

le remboursement de la perte du marquisat d'Ogliani sur les *menites* (ministres?) du duc de Savoie à Milan, l'estimant à 38,000 ducats.

La dot de Chrétienne de Madruce avait été de 7,000 écus d'or sols, au coin du roi de France, assignée sur la terre de Rosillon. Ils eurent pour enfants Marc-François de Rye et Magdeleine de Rye.

Marc-François de Rye, marquis d'Ogliani, après la mort de son père arrivée à Milan, porta d'abord le nom de comte d'Arberg, parce que sa mère et son père avaient acheté de Ferdinand de Madruce, comte d'Arberg, baron de Beaufremont, leur frère et beau-frère, le droit de substitution sur les comtés d'Arberg et de Valengin-Budevilier (*sic*). Il y eut plusieurs sentences en sa faveur pour le mettre en possession de ces comités, mais les hérétiques du pays et les états de Neufchâtel, qui ne voulaient pas d'un seigneur catholique, en empêchèrent toujours l'exécution.

Marc-François de Rye « fut un seigneur doué de belles qualités d'esprit, pourtant de peu de conduite, et amy de faire des vers; sans avoir éclatté par ses services, à la réserve de ce qu'il accompagna, avec un certain nombre de gens de guerre, S. A. R. l'Infant cardinal, lorsque ce prince passa de Milan en Flandres par l'Allemagne, et défit les ennemis près de Norlinghen. » Il fut adonné à ses plaisirs et laissa plusieurs enfants illégitimes, « un entre autres qui était page de D. Francisco Mello, gouverneur des Pays-Bas. » Ce seigneur portugais l'avait pris avec lui, parce que s'étant trouvé à Ratisbonne avec le marquis d'Ogliani, ce dernier l'avait institué son héritier en tous ses biens et actions, tant en Bourgogne qu'en la comté d'Arberg et de Valengin, lui recommandant, par son testament, « une sienne fille naturelle nommé Angélique de Rye, laquelle fut depuis mésalliée à Milan. »

Don Francisco de Mello « fit faire un bel enterrement à ce marquis à titre d'héritier et de parent, parce qu'ils étaient de la maison de Bragance, et ainsi se termina cette branche de la maison de Rye. »

Rye porte : d'azur, à l'aigle d'or, timbré au vol d'or. Supports deux lions de même. (Extrait d'un manuscrit in-folio, intitulé : *Descentes généalogiques de familles illustres de la Comté de Bourgogne et autres*, pages 199 et 200. Ce manuscrit appartient à M. le duc de Bauffremont. Voir aussi *Supplément au Dictionnaire de Moréri*, t. 5, page 691.

commode. Mais le fléau destructeur de la guerre devait abréger singulièrement la durée de ces embellissements. Dix-huit années s'étaient à peine écoulées depuis leur exécution, que la main d'un ministre despote (1) en faisait rouler les dates parmi les décombres où nous les avons retrouvées. Malgré les ravages que dut subir cette habitation, ravages qui (nous le supposons) se renouvelèrent encore en 1672; malgré les dégradations du vandalisme révolutionnaire et les démolitions intéressées des acquéreurs de biens nationaux, les restes mutilés de ce château, les arceaux de sa cuisine, les débris de ses portes d'entrée, son puits, sa vaste cour pavée, révèlent encore son ancienne magnificence. Il y a moins de trente ans, une partie de sa façade avait conservé son élévation primitive; elle était couronnée par quatre ou cinq animaux représentant des griffons, des loups ou des sphinx, mais les propriétaires d'alors ayant été obligés à des réparations devenues urgentes, on vit pendant quelque temps ces œuvres de la sculpture féodale mêlées aux autres matériaux, puis, vendues à vil prix, disparaître en un même jour pour aller embellir les tours du château de Bourlémont.

Gabriel-Ferdinand de Madruce porta d'abord le titre de comte de Chalant, et servit en cette qualité dans l'armée lorraine. Dans un registre des recettes et dépenses, du 1ᵉʳ avril 1591 au 30 juin 1592, indiquant la situation de cette armée sous le duc Charles III., on voit que le *sieur de Chalant*, capitaine de Rinel, avait sous ses ordres une compagnie d'infanterie pour la garde de cette petite place. A la même époque, la ville de la Mothe avait une garnison de cent hommes (2).

Le duc de Lorraine, qui, en 1571, avait fait réunir les états du bailliage de Sᵗ-Mihiel pour la rédaction des coutumes de ce bailliage, désirant que ces coutumes que l'on allait

<hr>

(1) Richelieu.
(2) Digot, *Histoire de Lorraine*, t. 4, p. 275.

mettre sous presse avec des modifications faites d'après ses
ordres, fussent encore revues et en quelque sorte approuvées
par le clergé, la noblesse et la bourgeoisie, fit de nouveau
convoquer ces états à Saint-Mihiel, en 1607, pour le 27
septembre. La baronnie de Beaufremont s'y trouva représentée,
cette fois, pour l'état de noblesse, « par haut et puissant
seigneur messire Ferdinand-Gabriel de Madruche, comte d'Avy,
baron de Baufroimont, à cause de sa dite baronie, présent
par Nicolas Robert (1), son receveur en icelle. » Le même
Nicolas Robert et Antoine Ferry y représentèrent « les habitants
et communautez de Baufroimont, Gendreville, Médonville,
Malaincourt et Urville » (2).

Nous aimons à penser que ses qualités non moins que
sa haute naissance valurent à Gabriel-Ferdinand de Madruce,
les fonctions de conseiller d'état et de grand chambellan du
duc Charles III. Ce fut en cette dernière qualité, qui lui
donnait le second rang parmi les officiers de la cour ducale,
qu'il assista aux funérailles de ce prince, mort le 14 mai
1608, et que, conjointement avec messire Pierre de Stainville,
doyen de la primatiale, il fut chargé de régler tout ce qui
concernait ces funérailles. Dans le cortége, il occupait une
des places les plus distinguées et portait la grande clef
dorée, l'une des pièces de souveraineté et d'honneur (3).

Ce seigneur eut pour épouse Bonne de Livron, fille d'Érard
de Livron et de Gabrïelle de Bassompierre. Érard de Livron,
chevalier, seigneur de Bourbonne, Courtenay, Vauvillers,
conseiller d'état, chambellan, grand maître de l'hôtel dès
1580, et chef des finances, en 1590, du duc Charles III,
descendait de Bernard de Livron, seigneur de Bourbonne
à la fin du XVe siècle, et de Françoise, fille de Pierre Ier

(1) Il est possible que ce Nicolas Robert ait été le père ou l'aïeul de
Nicolas-Henri Robert, prévôt de Bulgnéville, annobli le 15 mars 1725.

(2) *Coutumes du bailliage de Saint-Mihiel, procès-verbal*, p. 227 et
suivantes.

(3) Digot, *Histoire de Lorraine*, t. 4, p. 584 et 594.

de Bauffremont, sire de Soye, baron de Senecey. Cette alliance rapprochait donc encore Gabriel-Ferdinand de Madruce des anciens seigneurs de Beaufremont, dont le sang coulait déjà dans ses veines avec celui de tant d'autres illustres aïeux.

D'après un manuscrit de la bibliothèque d'Épinal (1), ils auraient eu deux fils, N..., comte de Madruce, et N..., abbé de Saint-Paul, morts jeunes; mais ce qui paraît certain, c'est qu'ils n'eurent qu'une héritière : Charlotte-Chrétienne-Éléonore de Madruce, dame de Beaufremont, mariée à messire Charles de Lenoncourt, seigneur de Serres.

Avant de parler de ce nouveau baron de Beaufremont, disons quelques mots de la société à l'époque où nous sommes arrivés.

La situation de la société, au XVIe et au XVIIe siècle, offre une grande différence avec ce qu'elle était pendant les siècles antérieurs. On ne voit plus alors de guerre entre les seigneurs. L'autorité plus étendue des princes souverains avait fini par maîtriser l'ardeur belliqueuse de cette foule de petits despotes que le plus futile prétexte armait les uns contre les autres, toujours aux dépens de la classe ouvrière et du pauvre peuple, les premières et les plus innocentes victimes de toutes les rancunes seigneuriales.

Après la suppression de ces guerres, il restait encore bien des abus ; le duc Charles III fut un des princes qui s'employèrent le plus à les faire disparaître. Parmi les ordonnances qu'il fit dans cette intention, la plus importante est celle du 1er avril 1596. Désirant introduire dans l'administration des communautés une uniformité avantageuse à tous, il établit par cette ordonnance que chaque année, pendant la quinzaine de la Saint-Remy, il y aurait dans les villes et les villages une assemblée où tous les habitants seraient tenus d'assister. Cette assemblée prit le nom de plaid-annal. La réunion était présidée par les officiers du prince et ceux du seigneur. On y créait les mayeurs, les syndics, gens de justice, officiers de police, bangards, gardes forestiers et autres, qui prêtaient

***

(1) *Généalogies diverses*, par Jacques de Poissons (1690).

serment avant d'entrer en fonctions; l'appariteur y faisait l'énumération des droits seigneuriaux, cens, rentes, redevances, en indiquant par qui ils étaient dus et à quels termes; on y rendait exécutoires les rôles de ces redevances; on y entendait les comptes des syndics et autres officiers municipaux sortant d'exercice, et on y adoptait les règlements de police. On y donnait aussi lecture des procès-verbaux des bangars et des sergents, et après que les délinquants avaient présenté leurs moyens de défense, le procureur fiscal et le fermier des amendes approuvaient ou contredisaient, puis le président du plaid (le prévôt) prononçait en fixant le chiffre, s'il jugeait que l'amende était encourue (1).

Les amendes étaient nombreuses pour les délits ruraux, mais peu élevées; toutes appartenaient de droit au seigneur justicier qui, ayant à sa charge les frais de justice, devait y trouver une indemnité de ceux-ci (2). Les officiers de la seigneurie qui se rendaient à ces plaids-annaux, recevaient de la communauté une certaine somme pour rétribution de leur dérangement et de leur travail.

Cette curieuse institution, qui accordait aux habitants des droits et de précieuses garanties contre les actes arbitraires, subsista, du moins pour ce qui concerne les impositions, les amendes et les créations d'agents municipaux, jusqu'à la révolution de 1789, seulement au lieu de se tenir à la Saint-Remi, les assemblées furent remises, pour la plupart, à l'époque de la fête patronale de chaque localité.

Quoique nous ne sachions rien des plaids-annaux de Beaufremont, plusieurs pièces que nous avons lues aux archives de la préfecture des Vosges, concernant la commune d'Urville, attestent que ces assemblées étaient en usage dans notre baronnie, et qu'elles y subsistèrent jusqu'à l'anéantissement du régime féodal (3).

(1) Voir Digot. *Histoire de Lorraine*, t. 5, p. 115.
(2) Dumont. *Justice criminelle en Lorraine*, t. II, p. 252 et 254.
(3) Un compte rendu par Nicolas Fleurichamp, syndic de la communauté

Il ne faudrait pas supposer toutefois qu'au moyen de ces assemblées, les communes jouissaient d'une espèce d'indépendance pour leur administration intérieure. D'abord, beaucoup de seigneurs continuèrent à jouir du privilége de nommer leurs mayeurs, greffiers et sergents, et nous croyons que ceux de Beaufremont furent de ce nombre; puis, pour la gestion des biens communaux, un édit du même duc Charles III défendait aux communautés de vendre, donner ou aliéner leurs immeubles, et même de faire des coupes extraordinaires dans leurs forêts, sans en avoir obtenu l'autorisation des seigneurs hauts justiciers. Nous pensons aussi que les seigneurs de Beaufremont jouissaient d'un certain droit sur la haute futaie de ces forêts; le nom de *régal* (*arbres du roi, du seigneur*) conservé dans nos villages à cette partie des affouages qui s'y délivrent chaque année, motive notre assertion qui, d'ailleurs, n'a rien de contraire à un article du partage de 1589 où il est question de droits particuliers sur les bois des communes composant la baronnie.

Cette question des droits féodaux nous servira de transition pour parler d'une ordonnance du 7 août 1612, par laquelle

d'Urville, pour 1782, porte en recette, la somme de 267 livres 4 sous 10 deniers pour canon de divers terrains et paquis communaux laissés à bail, et en dépense, la somme de 177 livres 12 sous 6 deniers pour objets divers concernant l'administration de ladite communauté. Parmi les pièces qui accompagnent ce compte, une quittance du 28 décembre 1782 porte : Reçu par le greffier de police Poirot, du syndic N. Fleurichamp, 5 livres 17 sous 6 deniers pour vacations de Messieurs les officiers de la baronnie de Beaufremont, à la création de nouveaux officiers de police, bangars, etc., pour les frais à la tenue des derniers plaids-annaux audit Urville, et 18 livres pour les extraits des rôles et autres écrits concernant ces plaids. — Une autre quittance du 50 décembre 1785, porte en dépense 28 livres pour copie des rôles de la subvention, vacations à MM. les officiers de la baronnie de Beaufremont à la tenue des plaids-annaux, enregistrement des actes publics et papier. Signé : **L. Poirot.** Le compte rendu de cette année par le syndic Nicolas Liébaud, porte en recette 566 livres 12 sous 8 deniers, et en dépense 529 livres 2 sous 3 deniers.

le duc Henri II prescrivit que les seuls hauts justiciers pourraient avoir un colombier de 120 nids au plus. Il est déjà question de cette prérogative seigneuriale dans le partage de 1589, cependant les deux colombiers qui existaient dans le siècle dernier à Beaufremont, ne furent établis qu'après ce partage. Celui des comtes de Tornielle était construit à l'ouest du château, et celui des comtes de Madruce dans la portion de vignes qui leur échut : il y subsiste encore, au-dessous et en dehors de l'enceinte de leur habitation. C'est une tour assez élevée, recouverte en dôme, et d'un diamètre qui diffère peu de celui des anciennes tours de la forteresse; nous nous rappelons y avoir vu autrefois quelques pigeons, mais depuis bien des années, elle est veuve de ces hôtes paisibles. Le temps qui détruit tout finira par anéantir ce modeste monument que nous aimerions à voir conserver. Il existe aussi sur le territoire de Beaufremont une saison dite du Colombier, à l'ouest du village. Si dans les temps anciens, les seigneurs eurent des pigeons, il serait possible qu'ils leur eussent construit une tour dans les vignes qui dominent cette saison, ce qui lui aurait donné le nom par lequel on la désigne.

Comment quitter le XVIe siècle et le commencement du XVIIe, sans dire un mot des sorciers. La baronnie de Beaufremont eut les siens, et quoiqu'ils aient disparu ainsi que les pièces des procédures qui furent exercées contre eux, nous ne devons pas moins quelques lignes de pitié à leur infortunée mémoire. D'après les listes dressées par M. Dumont (1), deux de ces malheureux, de la commune de Jainvillotte, furent successivement brûlés à la Mothe : c'est d'abord un sieur Nicolas Robert qui subit cette peine en 1604, puis une femme Élophe, veuve Germain Simon, qui ne sut pas mieux s'en préserver, en 1608. Nous n'avons jamais ouï parler que d'une femme qui aurait été aussi brûlée comme sorcière à Beaufremont, sur la hauteur où se voit

(1) *Justice criminelle en Lorraine*, t. II.

aujourd'hui la croix dite de la Chapelle (1), en sortant du village par le chemin de Lemmecourt. Cette malheureuse aurait confessé son crime, et accepté le supplice du feu comme une juste expiation de ses méfaits.

La croyance aux personnes en relation avec l'esprit malin était devenue alors tellement générale, qu'on supposait des sorciers partout. Il n'était pas rare même de voir des gens s'accuser d'être possédés du diable, d'avoir fait un pacte avec lui, d'avoir assisté au sabbat, espèce de repas nocturne suivi de danses et de divertissements infâmes. Cette triste monomanie fit de tels progrès qu'une véritable terreur régna par moments dans les campagnes : il nous souvient d'avoir entendu raconter à de vieilles personnes, qui n'en parlaient pas sans une espèce de frayeur, des scènes de ce sabbat dont les convives s'élevaient dans les airs pour se rendre dans des clairières du milieu des bois, et des traits de la vie de gens mal famés dont les sorts jetés sur des familles ou sur des bêtes, occasionnaient des maladies, la perte de la santé et même la mort. C'est surtout de la part de certains individus de Gendreville, dont les habitants ont conservé le surnom de *sorciers*, que l'on redoutait les sorts et les maléfices. La répulsion qu'inspirent la laideur et la malpropreté revêtues des haillons de la misère, était un motif suffisant pour une accusation de sorcellerie. Il y avait bien peu de misérables qui ne fussent soupçonnés d'être en relations avec Satan, et on les croyait d'autant plus dangereux qu'ils se tenaient plus isolés et comme cachés au fond de leurs pauvres cabanes. Il fallait se défier même de leurs cadeaux, qui étaient le plus souvent une pelotte de fil, une belle pomme ou un autre fruit. Le démon se montrait aussi assez souvent aux voyageurs, mais il était facile à reconnaître, parce qu'il avait toujours un pied de bœuf.

(1) Au-dessus du chemin, à environ cinquante mètres de cette croix, élevée après 1824, existait encore, au siècle dernier, une petite chapelle dédiée à Sainte-Geneviève. Il n'en reste plus aucun vestige.

Nous devons nous borner à ces quelques mots sur ce sujet. Nous ajouterons seulement que le nombre des victimes que produisirent en Lorraine les accusations de sorcellerie peut se compter par centaines. Mais combien étaient innocentes et furent sacrifiées aux passions honteuses de leurs persécuteurs ! La Pucelle d'Orléans ne le fut-elle pas à la haine des Anglais? le curé Grandier à celle de Richelieu? l'épouse du maréchal d'Ancre aux complots qui firent périr son mari? Nous avons lu plusieurs procès de sorciers, et nous sommes restés convaincus que les coupables étaient loin d'être toujours les malheureux que l'on torturait (cette fois, d'une manière vraiment infernale), au moyen de l'estrapade, des coins, des gresillons et du tourniquet.

MAISON DE LENONCOURT.

Charles de Lenoncourt de Serres, époux de Charlotte-Chrestienne de Madruce, baron de Beaufremont.

(XVIIe Siècle.)

Charles de Lenoncourt de Serres, qui épousa la fille unique de Gabriel-Ferdinand de Madruce, était de l'illustre maison de Lenoncourt, l'une des quatre grandes familles de l'ancienne chevalerie lorraine.

Nous n'essayerons pas de donner la généalogie de cette maison que nos historiens font venir d'Oldéric de Nancy, frère de Gérard d'Alsace. L'un des successeurs d'Oldéric, Drogon de Nancy, sénéchal de Lorraine, échangea, au duc Mathieu, en 1153 ou 1155, son château de Nancy et ce qu'il possédait dans cette capitale naissante, contre Rosières-aux-Salines et Lenoncourt. Ses descendants prirent le titre de seigneurs de Lenoncourt, et le nom de ce village continua depuis à être celui de leur famille (1).

Jean de Lenoncourt, chevalier, seigneur de Serres, Maron, Messein, du Val-de-Saumorey, etc., troisième fils de Louis de Lenoncourt et de Catherine de Haraucourt de Paroye, fut l'aïeul paternel de Charles de Lenoncourt. Élevé à la cour de France avec le duc Charles III, il y servit ce prince, son souverain, suivant la coutume des jeunes seigneurs de la haute noblesse de son temps. Il épousa d'abord Catherine de Saulx, fille de Théodore de Saulx, seigneur d'Arc-sur-Tille, dont il n'eut pas d'enfants, ensuite dame Barbe du Puy-de-Fon, fille et unique héritière de Jean du Puy, chevalier, seigneur du Portail en Poitou, et d'Isabeau de Beauveau de Sandaucourt (2).

Les charges de chambellan, conseiller, bailli et gouverneur de Saint-Mihiel lui furent données par patentes du duc de Lorraine du 14 octobre 1571. Une autre patente du 16 janvier 1684 le nomma capitaine de Briey. Ayant ensuite rempli diverses ambassades, où il réussit au grand contentement du prince, il en fut récompensé par les dignités de grand-maître de l'hôtel et de chef des finances qui lui furent conférées, la première par lettres du 24 juillet 1589, et la seconde le 22 mars 1590. Le 7 décembre 1591, étant avec Son Altesse au camp devant Stenay, que l'armée lorraine assiégeait, il y fut frappé à la tête par un boulet tiré du canon des remparts et mourut sur-le-champ, vivement regrett édu prince et de toute l'armée (3). Il avait fondé en 1588, à Serres, un couvent de Minimes où son corps fut inhumé. Son épouse, après une viduité de 32 ans, mourut au Pont-Saint-Vincent dame d'honneur de Mme de Vaudémont (4).

(1) Voir l'*Origine de Nancy*, par Henri Lepage, Société d'Archéologie lorraine, année 1856, pages 208 et 225.

(2) *Mémoire généalogique sur la famille de Lenoncourt*, par Mory d'Elvange, à la bibliothèque de Nancy, manuscrit n° 27 (9 pages).

(3) Un devin avait prédit qu'il mourrait d'un grand mal de tête.

(4) *Mémoire généalogique, ibid.*

De leur mariage étaient nés Louis-Jean qui suit, Charles qui mourut de la peste étudiant à Pont-à-Mousson, et Catherine qui devint abbesse de Juvigny.

Louis-Jean de Lenoncourt, chevalier, seigneur de Serres, Pierrefort, Trognon, Renesson, etc., fut admis aux fonctions de conseiller d'État, de bailli et gouverneur de la province de Saint-Mihiel, à la place de son père, et créé gouverneur de Villefranche par le duc Charles III ; mais il ne jouit pas longtemps de ces dignités. Le 22 avril 1594, il mourut à Nancy âgé seulement de 26 à 27 ans, laissant de son mariage avec Claude de Fresneau, fille unique et héritière de Jean de Fresneau, seigneur de Pierrefort, et de dame Claude de Beauveau, qu'il avait épousée le 28 janvier 1591, deux fils dont l'aîné, François, mourut à Toul âgé de dix ans, et le second, Charles, fut notre baron de Beaufremont (1).

Orphelin dès le plus jeune âge, Charles de Lenoncourt eut le bonheur d'être élevé par une mère qui, pendant un veuvage de 40 ans, sut toujours être résignée, digne et chrétienne (2). Ses soins furent d'abord partagés entre ses deux enfants, mais lorsqu'il ne lui resta plus que le jeune Charles, elle l'entoura de toute sa tendresse maternelle, et bien des fois elle adressa au ciel des vœux ardents pour la conservation de ce cher fils. Elle eut le bonheur de le voir grandir auprès d'elle et de faire germer, dans son jeune cœur, les belles qualités qui, plus tard, lui méritèrent la main de la vertueuse Charlotte de Madruce, la faveur des ducs de Lorraine et même celle de l'empereur d'Allemagne.

Pour mieux prouver ce que nous avançons ici, nous rapporterons le diplôme par lequel l'empereur Mathias créa comtes du Saint-Empire, Antoine de Lenoncourt, Théodore de Lenoncourt, son frère aîné, bailli de Saint-Mihiel après Louis-Jean, son cousin germain (3), et Charles de Lenoncourt,

(1) *Ibid.*

(2) Elle succéda à sa belle-mère dans la charge de dame d'honneur de Mme de Vaudémont, et mourut au mois de novembre 1631.

(3) *Mémoire généalogique sur la famille de Lenoncourt.*

qui ne peut être que le jeune gentilhomme dont nous essayons la biographie.

Copie des lettres-patentes de l'Empereur Mathias pour l'illustre maison de Lenoncourt (1).

« Nous le Garde du scel du tabellionage de S. A. de la cour de Nancy, à tous présens et à venir , salut, sçavoir faisons que cejourd'huy vingt neuvième du mois de décembre mil six cent quatorze, nous avons vu , tenu et lu certaines lettres patentes en langue latine, émanées de Sa Majesté impériale , icelles en parchemin velain , saines et entières en scel , signatures et écritures , desquelles lettres la teneur s'ensuit de mots à autres.

» Mathias par la grâce de Dieu élu Empereur des Romains, toujours auguste Roy d'Allemagne, de Hongrie, de Bohème, de Dalmatie, de Gratie, de la Sclavonie, etc. , marquis de Moravie, duc de Luxembourg et de la Silésie supérieure et inférieure , de Virtemberg et de *Ieche;* prince de Suève, comte de Habspourg , du Tyrol, de Feltre, de Vipurg et de la *Gorsie,* landgrave d'Alsace, marquis du Saint-Empire de la Bourgeoisie , et de Lusacie supérieure et inférieure , seigneur de Marchie-Sclavonique , du port Maon et des Salines, etc. , salut. Notre bienveillance impériale et toutes sortes de prospérités à messieurs Anthoine, Théodore et Charles de Lenoncourt nos bien-aimés , quoique notre libéralité s'estende et s'exerce à l'égard de toutes sortes de personnes qui la méritent par leur fidélité et leur bravoure, Nous, suivant notre inclination bienfaisante conformément à l'exemple de Dieu tout-puissant et immortel , qui répand ses thrésors abondamment partout le monde , ayant été appelé et élevé à la dignité impériale par sa miséricorde , trouvons à propos de considérer toutes choses, pour donner à un chacun la récompense qui est due à ses mérites, afin que les uns et les autres soient distingués par leur rang et que ceux qui sont nez de parents illustres en noblesse l'augmentent par leurs soins et belles actions pour le service de leur patrie, de leur prince et de la république, afin qu'ils soient honorez de plus en plus suivant les maximes de la justice.

(2) Manuscrit de la bibliothèque d'Épinal, n° 151 . p. 669.

et que les autres hommes puissent être encouragés par leur exemple, de sorte que, considérant vos mérites et belles qualités, Anthoine, Théodore frères, et vous Charles de Lenoncourt leur cousin germain, qui vous êtes rendus illustres dans votre ancienne et noble famille de Lenoncourt, dont les parents ont été recommandables par leur générosité et prudence extraordinaire, tant à la maison, à la guerre, dans les fonctions ecclésiastiques et dans le Gouvernement des affaires politiques, lesquels vous avez imités si fidèlement depuis votre bas âge, que non seulement vous continuez et conservez généreusement cette réputation qui vous est naturelle, mais même vous l'augmentez et la rendez de plus en plus éclatante autant qu'il vous est possible, joignant ensemble à cet effet les dons de la nature et de la fortune dont Dieu vous a ornés.

» Nous avons voulu éterniser votre mémoire en vous congratulant, vous et votre postérité légitime, de quelque grâce particulière, afin que vous puissiez être élevés aux premières dignités et magistratures tant à la cour, que par toute la province, dans les duchés de Lorraine et que vous fassiez voir votre fidélité gratis en temps de guerre et de paix, en tout ce qui concerne les intérêts de l'Empire romain de la maison d'Autriche et de Bourgogne, ainsi par notre propre mouvement de science certaine, ayant tout considéré de notre plein pouvoir impérial nous vous faisons, créons et nommons vous et tous vos successeurs légitimes de l'un et de l'autre sexe, comtes et comtesses du Saint-Empire romain, et nous vous avons honnorez et augmentés du titre, de l'honneur et de la dignité de comte, comme par les présentes, nous vous créons, faisons, augmentons et honnorons, voulant par le présent édit impérial pour toujours que vous, Anthoine, Théodore et Charles de Lenoncourt avec toute votre famille et toute votre postérité légitime de l'un et de l'autre sexe à l'infiny, jouissiez, obteniez et portiez à jamais le nom et la dignité de comte d'Empire, que en soyez honnorés, considérés et nommés tant dans les lettres que dans les discours et conversations, dans les choses spirituelles, temporelles, ecclésiastiques et profanes. Enfin nous voulons que vous preniez, ayez, possédiez et jouissiez de tous les honneurs, ornements, dignités, grâces, libéralités, privilèges, droits, indultes, coutumes, prééminences et prérogatives, librement et sans en pouvoir être empêchés, comme nos autres comtes du Saint-Empire jouissent, ont, prennent et possèdent de coutume ou de droit, nonobstant tout ce qui y peut être contraire, quand bien même on en devrait faire mention expresse dans les présentes ; à quoy nous dérogeons, et voulons qu'il soit suffisamment dérogé, de notre autorité impériale et afin que vous ayez encore des marques plus sensibles de notre bonté, nous vous avons donné pouvoir à vous susdits Anthoine, Théodore et Charles de Lenoncourt, à tous vos enfants héritiers, successeurs et descendants, qui naîtront à jamais de l'un et de l'autre sexe, et par ces présentes, donnons et permettons que vous portiez le nom des terres que vous acquerrez justement où ce puisse être, et que vous puissiez être nommés, appelés et salués de ce nom par écrit, dans les discours en justice, et par tout le monde ; qu'il ne soit donc permis à qui que ce soit, de quelle condition, ordre, état et dignité il puisse être, de s'opposer à ce que nous confirmons, ratifions, approuvons, corroborons, érigeons, authorisons, voulons, agréons et décrétons par les présentes, ou y contrevenir par quelque audace téméraire, et quiconque l'aura fait, qu'il sache qu'il encourt en même temps notre indignation et celle de l'empire romain, et en sera à cent marcs d'or pur, dont la moitié se payera à nôtre fiscal impérial, et l'autre sera employée à l'utilité de ceux qui auront été insultés, sans pardon ny espérance de rémission, lesquelles lettres nous avons signées de notre propre main, munies du cachet impérial. Donné dans notre ville impériale de Ratisbonne, le dixième jour d'octobre de l'an mil six cent treize ; de nos royaumes, Romain le second, de Hongrie le cinquième et de Bohême le troisième.

« Signé : MATHIAS, avec parafe. »

A l'époque où ce diplôme vint relever encore l'illustration de sa famille, Charles de Lenoncourt pouvait avoir environ vingt ans. Son mariage ne précéda probablement pas l'année 1625, il avait alors un peu plus de trente ans. Après le décès de Louis-Jean de Lenoncourt, son père, la charge de bailli de S‑Mihiel avait été donnée par le duc Charles III à son cousin Théodore de Lenoncourt qui, en 1624, s'en démit en faveur de son propre fils, Charles de Lenoncourt, marquis de Blainville. Ce dernier étant mort en 1630, cette charge revint à notre baron de Beaufremont qui en fut pourvu par le duc Charles IV. Mais les calamités dont notre pays fut bientôt le théâtre et la victime, lui permirent à peine d'en remplir les fonctions pendant deux ou trois années.

La peste fut le premier fléau dont la Lorraine eut à gémir : elle s'y était déjà montrée pendant les années 1610, 1623, 1625 et 1629 ; elle s'y déclara avec une telle intensité en 1630, 1631, 1633 et 1636, qu'elle y dépeupla entièrement plusieurs villages. Il est probable que c'est de cette épidémie que les anciens de Jainvillotte ont conservé le souvenir. Les pestiférés de cette localité étaient séquestrés dans la Combe Mori, vallée étroite qui s'étend vers la forêt, sur les rives de l'Anger, au-dessous du village. La tradition rapporte qu'en les y envoyant, on leur adressait ces paroles peu rassurantes :

« Elie, Elie, vè to meri do lè Combe Mori. »

Signifiant : Elie, Elie, va-t-en mourir dans la Combe Mori. Ce qui indiquerait le peu d'espoir que l'on avait de voir échapper à la violence de l'épidémie les personnes qui en furent atteintes. On ne les abandonnait pas absolument : on leur apportait des vivres et aussi d'autres secours, et il serait barbare de supposer qu'ils n'avaient d'autre asile que les bois.

Pendant que ce fléau décimait les populations, la mauvaise foi de Richelieu suscitait à Charles IV toutes sortes de tracasseries pour trouver un moyen de s'emparer de la Lorraine. Ce prince ne sachant pas se garder contre une politique déloyale, tombait à chaque instant dans les piéges qui lui étaient tendus, et bientôt, par de maladroites intrigues, attirait sur ses états les armes de Louis XIII. Des invasions partielles en 1631 et 1632, furent comme le prélude de la guerre qui éclata en 1633. Commencée par la prise de possession du Barrois-Mouvant, cette guerre se continua par l'occupation des villes situées aux environs de Nancy

et par le siége de cette capitale. Au lieu de se mettre à
la tête de ses troupes pour s'opposer aux Français, Charles IV,
irrésolu, eut recours aux négociations : c'était le moyen de
se laisser prendre; Richelieu en profita pour exiger la reddition
de Nancy, à la suite de l'humiliant traité de Charmes. A peine
Louis XIII était-il maître de cette ville, que son ministre
trouva de nouvelles occasions d'inquiéter le duc de Lorraine.
Charles IV prévoyant alors que l'inflexible cardinal ne le laisse-
rait jamais tranquille tant qu'il conserverait l'autorité ducale,
abdiqua en faveur de son frère Nicolas François, le 19 janvier
1634 (1), se dirigea vers l'Alsace où il laissa ses troupes
et se retira à Besançon.

Avant de partir, il avait recommandé à son frère, qui dès
lors prit le titre de duc de Lorraine, de veiller sur la duchesse
Nicole et la princesse Claude, dans la crainte que Richelieu
ne les fît enlever pour marier la dernière à un prince français.
La recommandation n'était pas inutile. Au lieu de soumettre
ses cousines à une surveillance injurieuse dont elles se seraient
facilement affranchies, Nicolas-François qui, quoique cardinal,
n'était pas dans les ordres, proposa à Claude de l'épouser et
de confondre ainsi définitivement les droits des deux branches
de leur famille. La princesse, qui avait pour son cousin autant
d'affection que d'estime, accepta la proposition, et Nicole y
ayant donné son assentiment, la célébration du mariage
se fit avec précipitation le 18 février, à 7 heures du soir.
Il était temps, car Richelieu venait d'ordonner au maréchal
de la Force et au comte de Brassac de s'emparer du prince
et des princesses, qui s'étaient retirés à Lunéville. Son
dessein était de les faire ensuite transférer à Paris. Quelle
qu'ait été la promptitude avec laquelle de tels ordres furent
exécutés, l'astucieux ministre se trouva dans l'impossibilité
de mettre ses projets à exécution.

Dès le lendemain de son mariage, le duc Nicolas envoyait

______

(1) Il avait déjà signé une première abdication en faveur de ce prince le
26 août 1633.

au pape un courrier, puis un de ses gentilshommes, le baron Hennequin, pour le prier de confirmer les dispenses qu'il s'était données, ce que le souverain pontife accorda avec une bienveillance toute spéciale.

Charles de Lenoncourt de Serre fut l'ambassadeur qu'il choisit pour prévenir Louis XIII. Voici les instructions que reçut, pour cette mission délicate, le baron de Beaufremont :

DU DUC NICOLAS-FRANÇOIS.

« *Mémoire à Monsieur de Lenoncourt de Serres, envoyé au roi très-chrétien par son Altesse, touchant son mariage avec la princesse Claude* (1).

» Il dira que ladite Altesse ayant l'honneur d'appartenir au roi,
» étant son serviteur très-humble, elle a cru être obligée de le
» dépêcher exprès à sa Majesté afin de lui donner part du changement
» de sa condition, par le mariage de sadite Altesse avec madame la
» princesse sa cousine, et pour lui renouveler les assurances de sa
» dévotion, ayant toujours contribué ce qu'elle a pu à l'accomplissement
» des volontés et intentions de sadite Majesté, récemment par la consi-
» gnation des villes de Saverne, Lunéville et Chastel, désireuse qu'elle
» est de se conserver jusqu'au tombeau, l'honneur des bonnes grâces
» de sa Majesté qui saura d'ailleurs, de messieurs de la Force et
» Brassac, la franchise et la confiance avec laquelle lesdittes villes
» ont estés mises en main des gens de sadite Majesté.
» Que si le roy interroge du tems dudit mariage et pourquoy
» il s'est fait si soudainement,
» Ledit sieur de Lenoncourt répondra que ledit mariage fut
» fait ces jours derriers, et que sadite Altesse s'y est résolue tant
» par la presse qui lui a été faite par madame sa belle-sœur, que
» pour maintenir la bonne intelligence en toute sa maison, laquelle
» semblait s'altérer dans la méfiance que maditte dame avait, et ledit

(1) Manuscrit de la bibliothèque d'Épinal, n° 155, p. 141.

» mariage ne se fit point quoique pensant la contenter. Promesses
» et contracts dudit mariage furent passez depuis que saditte Altesse
» a été retournée de France, afin de lui enlever le doute, sans
» toutefois que cela l'ait pu mettre en repos ; y ayant de rechef
» insisté plus que jamais, se voyant investie par la venuë de force
» gens de guerre à l'entour de Lunéville, à quoi saditte Altesse a
» dû différer pour la rassurer, et lui témoigner de vouloir demeurer
» avec elle inséparablement.

» Ledit Sr de Lenoncourt voira le cardinal Bichi pour le compli-
» ment du mariage et conférera, dez son arrivée, à M. de Chanvallon,
» sçavoir s'il sera à propos qu'il présente les lettres qu'il a pour
» la reine sur le même sujet de compliment, ainsi qu'il semble que la
» bienséance y oblige ; et en fera selon l'avis dudit Sr de Chanvallon. »

Les termes de ces instructions attestent les nombreuses
précautions que Nicolas-François prenait avec la France.
Malgré la grande déférence avec laquelle l'ambassadeur lorrain
s'acquitta de sa mission, Richelieu ne put dissimuler sa
colère en apprenant l'insuccès du plan qu'il avait formé,
et presqu'aussitôt, il commanda à Brassac d'amener à Paris
le prince et ses cousines. Le maréchal de la Force n'avait
pas attendu les nouveaux ordres pour les obliger à rentrer
à Nancy. Le court délai qu'on leur accorda pour se préparer
au voyage, suffit aux nouveaux époux pour préparer un plan
d'évasion qui leur réussit parfaitement. Le 1er avril, après
avoir trompé la surveillance des gardes pour sortir du palais
ducal, Nicolas et Claude, habillés en paysans et portant des
hottes de fumier, sortirent de Nancy par la porte Notre-Dame.
Le soir même, ils arrivaient au château de Menou, en Franche-
Comté, et peu de jours après, ils voyaient Charles IV à
Besançon, puis partaient pour la Toscane, tandis que Nicole,
restée seule dans le palais ducal, en sortait pour se diriger
tristement vers Paris.

Les lorrains avaient vu tour à tour leurs princes et leurs
princesses prendre le chemin de l'exil, mais ils ne purent
jamais se résoudre à leur manquer de fidélité : ils préférèrent
voir dévaster leur pays plutôt que de se soumettre au roi

de France ; malgré l'occupation, ils continuaient d'obéir aux officiers créés par Charles IV. Il est vrai de dire que les débris des armées de ce prince se maintenaient encore dans un certain nombre de forteresses.

La plus importante de ces forteresses était sans contredit la petite ville de la Mothe, à deux lieues de Beaufremont, dont le territoire touchait à l'est à celui de notre baronnie. Le roi de France qui l'avait d'abord négligée, croyant qu'il ne serait pas nécessaire d'en faire la conquête, comprit bientôt la nécessité d'en déloger la garnison et de la faire occuper par ses troupes. Pendant que Nicolas-François était en quelque sorte prisonnier au palais de Nancy, Richelieu lui fit arracher une lettre par laquelle il commandait au gouverneur, Antoine de Choiseul, marquis d'Isches, de se préparer à en sortir. Le brave lorrain refusa de se soumettre à un tel ordre, et y répondit sur-le-champ, en disant qu'il ne reconnaissait d'autre souverain que Charles IV, que le serment de fidélité qu'il lui avait prêté le déterminait à perdre la vie plutôt que d'abandonner la ville. La garnison et la bourgeoisie, invitées à faire connaître leurs intentions, répondirent unanimement que la forteresse leur servirait de sépulture commune avant de devenir la retraite des Français. C'est dans de tels sentiments que tous se préparèrent à soutenir le siége qui ne pouvait se faire attendre longtemps.

La situation de la Mothe sur le sommet d'un rocher isolé qui domine toutes les hauteurs voisines, la faisait autrefois passer pour une place imprenable, mais son meilleur donjon et ses plus solides remparts étaient alors la fidélité des braves qu'elle abritait.

Une garnison de deux cent quatre-vingts soldats et une milice bourgeoise de cent vingt hommes furent les seules forces avec lesquelles Antoine de Choiseul résolut de s'opposer aux armes de Louis XIII. Les noms des capitaines de cette petite garnison méritent d'être connus : c'étaient MM. de Stainville, de Pompierre, Montarby, Saint-Ouen, Desloges, Germainvilliers fils, Prinsay et la Bretonnière. En outre, de

Vatteville, officier suisse, Germainvilliers père (1), lieutenant
au gouvernement, Desbuissons, capitaine-enseigne, et Duboys
de Riocourt, conseiller d'état faisant les fonctions d'intendant
civil, étaient comme autant de conseillers du gouverneur.

La bourgeoisie, divisée en quatre compagnies, obéissait aux
capitaines René de Roncourt (2), seigneur dudit lieu, d'Illoud,
Mamet Collin (3) et Guillot (4), dont les lieutenants étaient
les sieurs Thouvenel, la Paix, Guillot le cadet et Vouillemin

Dès le huit mars, l'armée française commandée par le
maréchal de la Force arriva devant la place; l'avant-garde
sous les ordres du vicomte d'Arpajon alla se loger à Médonville
où « dès le commencement fut le quartier du roi, » et depuis
celui de l'artillerie. Bientôt cette armée compta jusqu'à onze
régiments d'infanterie,, plusieurs compagnies de cavalerie
et une formidable artillerie dont les batteries furent placées
d'abord sur les hauteurs de Châtillon et de Roche. Ces troupes
occupèrent tous les villages des environs de la Mothe. Il y
en avait à Bourmont, Romain-sur-Meuse, Hacourt, St-Thiébaut,
Goncourt, Liffol-le-Grand, Bazoilles, Sartes, Pompierre,
Sommerécourt, Graffigny, Vrécourt, où était le quartier
général du maréchal de la Force (5), Sauville, Saint-Ouen,
Lamarche, et dans plus de dix autres localités. Les Écossais,
sous le commandement du colonel Esbron, s'établirent à
Gendreville, d'où ils vinrent à Outremécourt.

Le récit de ce siége est une des pages les plus émouvantes
de l'histoire de notre pays. Le patriotisme dont firent preuve
la garnison et les habitans de la Mothe, s'opposa pendant
quatre mois et demi aux efforts des français. A plusieurs

(1) Antoine Sarrazin, seigneur de Germainvilliers, Belmont et Saint-
Remimont.

(2) René de Roncourt était sénéchal de Lorraine et seigneur de Roncourt
sous Beaufremont; il eut un fils tué au siége de la Mothe.

(3) La famille Collin habita Aingeville après la destruction de la Mothe.

(4) Ou Guyot.

(5) Il logeait lui-même au château.

reprises, on vit des soldats aguerris reculer devant l'héroïque valeur d'une poignée de braves. Les paysans qui s'étaient enfermés dans la ville se signalèrent dans les sorties par plusieurs beaux traits de courage (1); les filles (2) et les femmes même rappelèrent plus d'une fois qu'elles étaient de la patrie de Jeanne-d'Arc.

Tant de bravoure et de fidélité devait néanmoins céder devant les moyens de destruction employés par les assiégés. Pendant les premiers jours de juin, seize cents coups de canon, tirés des batteries de Roche et de Châtillon, avaient jeté l'effroi dans toute la ville, mais n'avaient pu ébranler la résolution prise de la défendre jusqu'à la dernière extrémité. Les grenades et les bombes, les pots, les paniers, les pommes à feu s'unirent à la mitraille et vinrent tour à tour exercer leurs ravages sur les édifices; bientôt il ne resta plus une seule maison qui ne conservât quelques traces de leurs atteintes.

Les assiégés redoublaient d'efforts et se multipliaient pour repousser les Français et atténuer les effets de leurs attaques, mais à la fin, ils ne purent les empêcher d'établir autour de la ville, à cinq cents pas des murailles, sept batteries qui tiraient jusqu'à six cents coups par jour. A chaque instant, la mort venait diminuer le nombre des défenseurs de la place. Le 24 juin, l'intrépide gouverneur tombait lui-même, frappé mortellement par un éclat de boulet qui lui déchira les entrailles. Sarrazin de Germainvilliers, son lieutenant, lui succéda, et jusqu'au 25 juillet, n'eut qu'à se glorifier de l'ardeur avec laquelle il fut secondé par les valeureux débris de la garnison et de la population. La nuit du 25 au 26, une mine ayant fait sauter le bastion Saint-Nicolas, ces fidèles lorrains couronnèrent leur belle défense par les

(1) Un sieur Lachapelle de Sommerécourt, et un autre paysan surnommé le Patau se distinguèrent d'une manière toute spéciale.

(2) Seize filles armées firent un jour une sortie, attaquèrent bravement les soldats des tranchées, en blessèrent quelques-uns et forcèrent les autres à se mettre en sûreté.

prodiges de valeur qu'ils firent sur la brèche (1). Cependant, une plus longue résistance devenant impossible, ils demandèrent et obtinrent le 26 juillet une capitulation très-honorable. La garnison, qui ne se composait plus que d'une centaine d'hommes, sortit avec armes et bagages, tambour battant, mèche allumée, enseignes déployées, et fut conduite jusqu'à Jonvelle en Franche-Comté. Les bourgeois furent autorisés à rester dans la ville ou à la quitter, et les volontaires, gentilshommes et autres, purent retourner librement chez eux : on leur donna même une escorte et vingt chariots pour transporter leurs meubles et leurs bagages (2).

L'armée française perdit au siége de La Mothe de six à sept cents hommes et quelques officiers, au nombre desquels furent le chevalier de Senneterre et le comte de Noailles.

Nous ne devons pas oublier de rapporter qu'au commencement de ce siége, les assiégeants réduisirent en cendres le moulin du Grignot, près d'Outremécourt, puis, à plusieurs reprises, le village même, où il ne resta pas plus du quart des maisons. Ils allumèrent aussi, dans les villages environnants, plusieurs autres incendies qui détruisirent, à Parey, 92 maisons; à Sauville, une rue entière; à Vrécourt, les plus beaux logements du château. Il paraît néanmoins que ces désordres arrivèrent contre l'intention des chefs (3).

Sur la fin du siége de La Mothe, Charles IV avait chargé quelques officiers, compagnons de son exil, d'aller secourir la place, mais ils étaient hors d'état de le faire. Lorsqu'elle fut prise, Louis XIII aurait pu se croire définitivement maître de la Lorraine, si les habitants des campagnes n'eussent opposé aux exigences de ses ministres une résistance invincible.

(1) **De Montarby** y fut blessé au devant de l'épaule ; **Maubon**, avocat de la Mothe, qui s'y distingua, ne se retira qu'après avoir été renversé d'un coup vigoureux ; plusieurs autres blessés y rougirent aussi de leur sang les ruines du bastion.

(2) *Histoire de la ville et des siéges de la Mothe*, par du Boys de Riocourt.

(3) *Ibid.*

Dès le commencement de 1635, on pouvait prévoir l'insurrection qui allait éclater dans tout le pays. Charles était parvenu à se former une armée composée de quelques régiments lorrains, d'Allemands, de Hongrois et de Croates que l'empereur mit à sa disposition. Avec ces troupes, il pénétra dans les Vosges, se rendit maître de Remiremont, d'Épinal et de Rambervillers.

Tandis que les principaux officiers lorrains s'efforçaient de soulever le pays, Charles de Lenoncourt leva de son côté l'étendard national, assembla seize cents hommes, dont quatre cents cavaliers, et s'empara de Saint-Mihiel (1). Le duc n'avait qu'à profiter du premier moment d'enthousiasme pour rejeter les Français au delà de la Meuse, mais une inaction de plus de deux mois leur permit de rassurer leur position, et Richelieu en profita pour former un corps d'armée à la tête duquel il porta Louis XIII à se rendre en Lorraine (2).

Avec les premiers jours de septembre, les hostilités recommencèrent par le siége de Saint-Mihiel. Charles de Lenoncourt y avait repris ses fonctions de gouverneur et de bailli, et fait réparer à la hâte les murailles de la ville et du château. Il n'avait pour s'y défendre qu'un régiment de cavalerie composé de chevau-légers et de dragons, un régiment d'infanterie dont il était lieutenant-colonel, et un autre que commandait avec le même grade M. de Salin. Pendant les premiers jours du siége il y eut quelques petits combats où l'avantage resta à la garnison, mais bientôt la place se trouva investie par une armée nombreuse, et il fut facile de reconnaître que toute résistance resterait infructueuse. Le 29 septembre, fête de Saint-Michel, les Français canonnèrent la ville avec une telle furie que trois brèches furent ouvertes en même temps. Le 30, le roi arrivait avec son corps d'armée. Les bourgeois redoutant les suites d'un assaut prièrent le gouverneur de demander une

(1) Digot. *Histoire de Lorraine*, t. 5, p. 256.
(2) De L'Isle. *Histoire de Saint-Mihiel*, p. 299.

composition; il ne se rendit pas d'abord à leur désir; cependant, voyant que les munitions allaient manquer, il se détermina, de concert avec les autres commandants, à proposer une suspension d'armes. Les dures conditions qu'imposait le roi furent rejetées une première fois, mais enfin, les bourgeois ayant refusé leur concours pour soutenir l'assaut, il fallut céder. Le roi fit promettre que la bourgeoisie serait protégée, que la garnison sortirait en liberté, à l'exception de dix officiers qui resteraient prisonniers de guerre, mais parmi lesquels ne seraient point compris MM. de Lenoncourt, Salin, De Vigneule et Malclerc. Ces dernières propositions furent acceptées et les clefs de la ville furent livrées. M. de Lenoncourt demanda alors au roi par quelle porte il lui plaisait qu'on sortît. Qu'on juge de son étonnement, ou plutôt de son indignation, lorsqu'il s'entendit répondre avec déloyauté que Sa Majesté avait seulement promis la vie et non la liberté. Ses justes réclamations, appuyées par plusieurs gentilshommes, ne furent pas même écoutées. Les habitants furent condamnés à payer cinq cent mille francs d'amende pour racheter leurs vies et leurs biens; cinq ou six cents soldats furent envoyés aux galères, les officiers subirent une dure prison en différentes villes, et enfin le loyal gouverneur, M. de Salin, et le capitaine Maujean, sergent-major du régiment de Lenoncourt, après avoir été traités très-durement, furent conduits à la Bastille (1). Nous ignorons si Charles de Lenoncourt mourut dans cette prison d'Etat, mais il paraît certain que le capitaine Maujean y succomba (2).

Nous n'apprécierons pas cette manière de traiter des sujets auxquels on faisait un crime de leur patriotisme, de leur bravoure et de leur fidélité au souverain : grâce à Dieu,

(1) Voir Calmet, Digot, De l'Isle.

(2) Nous lisons dans le nobiliaire de Lorraine, p. 549 : Jacob Maujean, écuier, seigneur voué de Dieulouard, contrôleur en la gruerie de Pont-à-Mousson, mourut étant prisonnier de guerre à la Bastille, à Paris. Il laissait quatre enfants.

elle n'est plus dans les mœurs de notre grande nation ; mais la prison de Charles de Lenoncourt et de ses courageux compagnons d'armes, officiers et soldats, n'est-elle pas mille fois plus glorieuse pour eux que le rôle honteux que l'histoire ne cessera de reprocher au ministre qui mettait nos pères à la torture, pour détruire en eux les sentiments les plus dignes et les plus respectables? L'oppression et l'abus de la force peuvent vaincre les corps, mais ces moyens ne gagneront jamais un seul cœur. Voilà pourquoi Richelieu mourut universellement détesté, et pourquoi, parmi ceux qui l'ont appelé un grand homme, aucun n'a jamais pu dire qu'il goûta les douceurs de l'amitié (1).

D'après Blondeau, ce serait en l'année 1634 que le château de Beaufremont aurait été assiégé et détruit par le *maréchal de l'Hôpital*. Le père Perri (2) dit aussi : « Le mareschal de l'Hospital assiégea le chasteau de Beauffremont où des Crabates s'estoient retirez et incommodoient beaucoup le païs. Il le prit et le mit en l'estat auquel on le voit aujourd'huy ; c'est-à-dire qu'il le ruina. Il appartient au marquis de Lenoncourt de Serre, dont la mère estoit fille du comte de *Tornielle*. » Ces indications renferment plusieurs erreurs. François de l'Hôpital, seigneur du Hallier, ne fut élevé à la dignité de maréchal de France qu'en 1643, et la mère du jeune Lenoncourt était Charlotte de *Madruce*. Le nom de Crabates (Croates) donné aux soldats qui se retirèrent au château de nos barons, et qui s'y défendirent contre les Français, nous porte à croire que le siége dont il est question n'eut lieu qu'après l'ordre obtenu de Louis XIII, en 1636 (3),

(1) Charles IV appelait Richelieu son âne rouge, par allusion aux habits de cardinal. Ce terme est devenu proverbial en Lorraine, et lorsqu'on veut indiquer l'opiniâtre méchanceté de quelqu'un, on y dit vulgairement : « Il est méchant comme un âne rouge. »

(2) Perri. *Histoire de la ville de Châlons-sur-Saône, généalogie de la maison de Bauffremont-Senecey.*

(3) Nous avons dit plus haut que ce fut en 1635 seu'ement que Charles IV amena des Croates en Lorraine.

pour démolir toutes les anciennes forteresses féodales de la
Lorraine. En faisant détruire tous ces châteaux, le cardinal
de Richelieu, le plus grand ennemi qu'aient eu les familles
puissantes, avait tout au moins autant pour but de châtier,
d'humilier les gentilshommes qui en étaient propriétaires,
que d'enlever aux bandits des refuges qui ne leur étaient
pas ouverts à volonté. Ici alors, ses instincts naturels trouvèrent à se satisfaire d'autant plus facilement que, gémissant
de l'absence de son mari, l'infortunée Charlotte de Madruce
ne pouvait opposer d'autre résistance à ses oppresseurs que
l'appui que ne manquèrent pas de lui offrir les paysans
de nos villages. Ce serait donc seulement pendant que Charles
de Lenoncourt était dans les cachots de la Bastille que
l'implacable ministre aurait fait dégrader, d'une manière
barbare, l'habitation d'une inoffensive famille. Ajoutons
cependant que la destruction ne dut pas être complète,
car nous verrons bientôt encore Beaufremont servir de
refuge aux malheureux habitants des localités environnantes.
Et où auraient-ils pu se réfugier, si ce n'est dans l'enceinte
du château ?

Non content des ravages qu'exerçaient dans notre malheureux pays la peste qui s'y montrait si meurtrière, la
famine que l'on y ressentit en 1635, 1637 et 1638, les
armées françaises qui le traversaient continuellement dans
tous les sens, et même les alliés du duc de Lorraine, Richelieu
y appela encore les Suédois. Les horreurs que commirent
ces barbares fanatiques font encore frémir ceux qui en
entendent le récit. Ce n'était point assez pour eux de piller
et de détruire les villages, on peut dire qu'ils laissèrent
partout, sur leur passage, des traces de feu et de sang. Ils
commirent dans les églises et dans les monastères les pro-
fanations les plus sacriléges et les actes de la soldatesque
la plus immorale. Dans nos villages, on n'avait pour ainsi
dire plus d'asile assuré que dans les bois. Une foule de nos
localités, et entre autres Removille et Saint-Elophe, conserveront
longtemps encore le souvenir de leurs dévastations.

Tant de calamités n'avaient pu dompter la fidèle Lorraine. Vers la fin de 1639, l'orgueilleux ministre comprit enfin qu'il ne lui serait pas possible d'anéantir cette petite nationalité, et de la réunir à la France comme il l'avait entrepris. En 1641, il attirait Charles IV à Paris, pour lui proposer la signature d'un traité par lequel la France lui rendait la plus grande partie de ses états, mais qui lui imposait une foule de conditions humiliantes. Le duc reconnut bien vite qu'on ne lui avait fait de belles promesses que pour mieux abuser de sa confiance. La prudence lui conseillait de ne pas se raidir : il signa. Peu de jours après, il quittait la cour de Louis XIII pour revenir dans ses duchés. Partout les populations l'accueillirent avec le plus vif empressement et les témoignages d'une véritable affection. Chacun se croyait enfin délivré des malheurs qui, depuis dix années, dépeuplaient le pays.

L'illusion ne fut pas de longue durée. Charles IV ayant refusé de réunir ses troupes à l'armée française, comme il en était convenu par le traité de Paris, Richelieu en fut tellement irrité, qu'il essaya de le faire enlever ; n'y ayant pas réussi, il ordonna à du Hallier, gouverneur de Nancy, de reprendre immédiatement les villes lorraines déjà restituées. La Mothe était une de ces places. Charles, après la sortie des Français, avait eu soin d'y faire entrer une bonne garnison, des vivres et des munitions, de sorte que les quelques troupes que l'on envoya d'abord pour l'investir, furent rappelées sans avoir obtenu aucun succès. En 1643, du Hallier arriva lui-même devant la place avec une véritable armée, et en forma le blocus, afin d'arrêter les courses que la garnison faisait du côté de la Champagne, et dans l'espérance que le manque de vivres contraindrait promptement le gouverneur à capituler. Mais ayant bientôt appris l'arrivée de Charles IV qui venait secourir et ravitailler la place, et se jugeant trop mal situé pour résister à une double attaque qu'il prévoyait, il se hâta d'aller prendre position dans les plaines de Liffol-le-Grand. Il y était à peine arrivé lorsque le duc l'y attaqua et le força à se retirer avec précipitation, laissant sur le champ de bataille 1,500 hommes tués, 1,000 prisonniers, sa caisse militaire et tous ses bagages.

Après cette bataille, la Mothe offrit, jusque sur la fin de 1644, un asile assuré aux gens de justice du bailliage des Vosges et aux troupes lorraines. A cette époque, le cardinal Mazarin, qui avait succédé à Richelieu, chargea un de ses compatriotes, le sieur de Malagotti, d'en faire le siége. L'Italien arriva devant la place le six décembre, avec douze régiments français. L'hiver ayant été favorable, tous les travaux de circonvallation étaient terminés pour le mois de mai : ils formaient une ligne partant des bords du Mouzon au-dessus de Soulaucourt, se dirigeant vers le fort construit sur le sommet de la colline de Fréhaut, puis de là, par un circuit, sous la montagne de Roche, au-dessus d'Outremécourt et sous Châtillon, pour revenir se terminer sur la rive droite du Mouzon, à l'ouest de la forteresse. Les villages de Soulaucourt et d'Outremécourt étaient occupés et mis à l'abri d'un coup de main, et en outre, huit redoutes défendaient les points les plus accessibles de l'enceinte. Les principales batteries étaient disposées sur Fréhaut et sous la place, du côté de Soulaucourt, contre les bastions Saint-Nicolas et Sainte-Barbe. Les tranchées ayant été ouvertes, Magalotti donna l'ordre de creuser une mine pour faire sauter le dernier de ces bastions. Il examinait le travail des mineurs, lorsqu'un coup de mousquet, tiré des remparts, l'atteignit mortellement à la tête. Le marquis de Villeroy le remplaça, et le 21 juin, fit jouer cette mine qui renversa une partie du bastion, sans cependant produire une brèche où l'on pût monter à l'assaut.

Les assiégés, commandés par un des meilleurs officiers qu'ait eus Charles IV, Laurent Cliquot, dont le souvenir et la bravoure sont restés populaires, avaient montré pendant ce long siège tout le patriotisme et toute la valeur dont ils avaient déjà fait preuve en 1634; mais les maladies, les fatigues continuelles et la diminution sensible des soldats finissaient par triompher de leur opiniâtre résistance, lorsque leurs adversaires ayant fait jouer un nouveau fourneau, parvinrent à ouvrir la pointe de la demi-lune et à s'y loger. La défense de la place devenant de plus en plus périlleuse, on résolut d'entrer en négociation pour capituler. Le marquis de Villeroy, qui redoutait les efforts désespérés que la bourgeoisie et la garnison pourraient encore hasarder, offrit les conditions les plus honorables, et la capitulation fut signée le 1er juillet 1645.

Par cette capitulation, M. de Cliquot devait rendre la Mothe le vendredi 7 juillet, à moins qu'avant ce temps, elle ne fût secourue par une armée de 4000 hommes au moins.

Il fut convenu que le gouverneur, tous les officiers et soldats sortiraient de la place avec leur vie et liberté assurées, armes et bagages, mèche allumée, enseignes déployées, tambours battants, deux pièces de canon et les meubles de Son Altesse le duc de Lorraine, pour être conduits en toute sûreté, aux dépens de S. M. très-chrétienne, jusqu'à Longwy.

Des articles spéciaux assuraient le meilleur traitement aux blessés, aux femmes et aux enfants des officiers et soldats de la garnison et aux prisonniers, puis la liberté aux gens de justice et d'église, sans que personne pût être recherché ni inquiété pour les actes commis pendant le siége.

Un article était ainsi conçu : « Les bourgeois de la Mothe
» demeureront à volonté dans la ville ou ailleurs, où bon
» leur semblera, et seront conservés en leurs vie, libertés et
» biens, dans quelques lieux qu'ils soient, comme ci-devant,
» sans qu'il soit fait aucun tort à leurs personnes, femmes,
» enfans, famille, non plus qu'à leurs biens, meubles et
» immeubles.... ils jouiront de tous les priviléges, franchises
» et droits à eux concédés, tant en général qu'en particulier,
» par les ducs de Lorraine, etc. »

Le 7 juillet, M. de Villeroy entra dans la ville, et Cliquot à la tête de ses soldats se dirigea vers Longwy, avec toutes les sûretés qui lui avaient été promises. Mais la légitime espérance que les bourgeois avaient de demeurer en repos dans leurs habitations, après tant de fatigues, fut de courte durée. Deux ou trois jours après la reddition de la ville, Villeroy fit connaître un ordre du roi qui commandait de ruiner et de démolir non-seulement les fortifications de la place, mais même les églises et toutes les maisons. Ce qu'il y eut de plus cruel dans cet ordre barbare, et nos historiens n'ont peut-être pas osé le dire, c'est que ce furent les Lorrains, nos pères, que l'on força, en plein XVIIe siècle, à commettre cet acte inique de destruction que rien ne pourra jamais justifier. Les registres de l'hôtel-de-ville de Neufchâteau et ceux de Gerbéviller attestent ce fait, et voici l'ordre adressé aux habitants de la ville et du bailliage d'Épinal. Nous l'avons pris sur l'original même, conservé à la bibliothèque de cette ville.

Pièce imprimée, aux armes de France et de Navarre en tête, portant ordre aux manans d'Épinal d'envoyer des hommes pour raser la ville de la Mothe.

« DE PAR LE ROY.

» Le sievr de Gombavlt, seignevr de La Marque Intendant en l'armée de Sa Majesté deuant la Motte. Aux manans et habitans *de la ville d'Épinal et villages dépendans du bailliage suivant la répartition qui en sera faite par le gouverneur d'Épinal ou en son absence par le juge des lieux* (1) : Salut.

» Diev ayant fauorisé les armes de Sa Majesté et réduit en son obéissance la ville de la Motte, qui depuis quatre années à tant incommodé touttes le prouinces voisines par ses courses continuelles, a pris résolution de faire razer cette place, pour vottre soulagement particulier et pour le bien général de la France ; et comme vous debuez receuoir l'auentage et le profit particulier de ce razement

---

(1) Bibliothèque d'Épinal, liasse B, pièce 7e. Ce qui est en italique dans le corps de la pièce a été ajouté à la main dans l'imprimé. Cet imprimé serait donc une circulaire adressée, au moyen de désignations écrites, à toutes les communes requises pour le travail de destruction de la Mothe.

il est d'aultant plus raisonnable que vous y contribuiez et que vous nommiez des personnes d'entre vous pour se rendre à la Motte dans Lundy prochain au plus tard, affin d'estre employées audict razement, à ces cavses Sa Majesté nous ayant ordonné pour tenir la main à ce que ladicte place et touttes ses fortifications soient esgallées au sol de la terre, nous auons cotté vostre paroisse à *soixante* hommes lesquels se renderont au iour cy-dessus nommé auec picqs, pelles et besches, pour estre employez aux ouurages qui leurs seront par nous ordonnés ou en nostre absence par le sieur Charles Didier commissaire ordinaire des guerres, préposé par Sa Majesté pour ladicte démolition à chacun desquels sera donné par Sa Majesté pour chacun iour le double pain de munition pesant trois livres, et de la part de vostre communaulté huict solz par iour à chacun, et seront leurs iournées par vous payéez par aduence pour quinze iours, et ou vostre paroisse oublieuse de son debuoir, du seruice du roy, et de sa propre conseruation serait en retard de satisfaire à ce que dessus les trouppes de ladicte armée y seront enuoyéez en rafraichissement, et pour y tenir garnison, et seront les quatre principaulx habitans contraincts en la somme de trois cens liures par forme damende pour ladicte contrauention, laquelle somme sera employée à payer ceux qui seront par nous ordonnés en leurs places. Ce qui sera exécuté nonobstant oppositions ou appellations quelcòques, et sans préiudice dicelles par les voyes ordinaires et accoustumées pour les affaires de Sa Majesté. Donné au camp deuant la Motte le cinquiesme juillet mil six cens quarante cinq. »

Vous pairès pour le port du présent mandement le somme de vingt solz.

GOMBAULT.

par mon dict sieur

(Signature illisible.)

Cette pièce prouve que l'on n'attendit pas même le jour de la reddition de la Mothe pour violer une capitulation faite, consentie et jurée de part et d'autre sur l'honneur et la religion. C'était donc au mépris du droit des gens,

de la bonne foi, de tout ce qu'il y a de plus sacré, que
le cardinal Mazarin, le digne complice de l'implacable
Richelieu, fit détruire cette ville et chasser avec inhumanité,
de leurs demeures, de malheureux habitants qui ne demandaient qu'à vivre tranquilles, après avoir servi leur pays comme
de bons et loyaux sujets.

L'œuvre de destruction fut commencée sans retard. On
fit d'abord sauter les bastions à force de sapes, de mines
et de fourneaux, puis, plus de quinze cents paysans champe-
nois furent mandés pour aider les lorrains à jeter bas les
maisons.

« C'était, dit M. du Boys de Riocourt qui fit les plus
louables efforts pour empêcher ce crime de s'accomplir, c'était
une consternation, parmi tous les ordres de ce pauvre peuple,
qui ne se peut concevoir ni représenter avec des termes
assez expressifs. La procession que le clergé fit pour tirer
les reliques des églises et les sortir avec quelque vénération
de ce débris, tirait les larmes et les soupirs des ennemis
mêmes. Tant de familles qui ne savaient où se retirer, voyaient
leurs maisons ou brûler ou tomber par le moyen des sapes
qu'on y faisait après les avoir pillées pour la plus grande partie.
Plusieurs souhaitaient qu'il leur fût permis en conscience de
se jeter dans les flammes et les feux qui brûlaient leurs
demeures et de s'ensevelir tous vifs dans les ruines de leur
patrie. Ils n'eurent point d'autre moyen d'essuyer les effets
de leur désastre que de se retirer où ils purent le mieux,
comme des bêtes égarées, et d'honnêtes bourgeois allèrent
consommer le reste de leur vie parmi les paysans de la
campagne. » (1).

La mairie fut transférée à Outremécourt qui avait toujours
été de la communauté de la Mothe, et parmi les descendants
des braves défenseurs de la forteresse, on est heureux d'y
retrouver encore aujourd'hui la famille d'un noble chevalier,
M. René de Landrian, dont un des aïeux, Charles de Landrian,

____

(1) *Histoire des deux siéges de la Mothe*, p. 203 et 204.

était lieutenant au gouvernement de la place pendant le dernier siége, et y servit comme volontaire (1).

Le bailliage de Bassigny et la sénéchaussée de la Mothe furent transférés à Bourmont ainsi que le chapitre de l'église collégiale Notre-Dame.

Les monuments religieux furent dispersés. L'église de Gendreville eut l'honneur de recueillir une statue de la Ste-Vierge, qui jusqu'à ces derniers temps en avait fait, sinon le plus riche, du moins le plus patriotique et l'un des plus glorieux ornements. Elle y était bien connue sous le nom de *Vierge de la Mothe*. Des motifs que nous ignorons ont fait enlever cette respectable statue du lieu qu'elle occupait encore naguère, et actuellement, elle se trouve en dépôt chez une famille chrétienne de la paroisse. Il paraît que d'abord cette précieuse relique fut destinée à l'église de Beaufremont. Une tradition populaire, bien connue à Gendreville, dit qu'elle ne voulut jamais passer le pont de ce dernier village. Cela prouverait simplement que la population la retint. Pendant plus de deux cents ans, des personnes pieuses allumèrent un cierge en son honneur. Nous regrettons qu'on ne l'ait pas conservée à leurs hommages doublement séculaires.

Bien que les auteurs qui ont écrit l'histoire des siéges de la Mothe, absorbés par les malheurs qui firent disparaître cette cité, ne disent rien de ce qui se passa dans nos villages pendant la durée du second siége, il n'en est pas moins certain qu'ils eurent considérablement à souffrir. Il résulte de plusieurs baux souscrits par les religieux de St-Evre (2), pour leurs propriétés de Médonville, que de 1641 à 1647, ils ne retirèrent aucun revenu de ces propriétés « à cause du siége de la Mothe. » Le bail de 1646 dit positivement

(1) *Nobiliaire de Lorraine*, p. 250.

(2) Archives de la Préfecture des Vosges, II. 87. Les deux tiers des dîmes de la seigneurie de St-Evre possédée à Médonville par les religieux du prieuré de Deuilly étaient laissés à bail, en 1651, pour une location annuelle de 43 francs; en 1653 et 1654, pour 42 francs.

que « le village étant brûlé et désert, il n'y a plus ni
maire, ni sujet, excepté un garçon des Viriots qu'on dit
être en France. » L'église même ne fut pas épargnée, et
son beau clocher roman porte encore des traces très-visibles
de l'incendie. La confusion qui résulta de ce sinistre paraît
avoir été telle, qu'en 1698, les religieux demandaient « à
faire appeler par-devant les prévôt et juges en la baronnie
de Beaufremont, tous ceux qu'ils trouveront bons et nécessaires
étant en la baronnie, pour déclarer juridiquement et par
serment, quels sont les détenteurs actuels des maisons et
héritages possédés par lesdits religieux, afin que par suite
de ces déclarations, il soit possible de reconnaître les cens
qui leur appartiennent, les terriers et les dénombrements
desdits cens ayant été brûlés pendant l'incendie. » (1).

Nous donnons aussi les passages suivants, extraits d'une
notice manuscrite sur Neufchâteau, et rédigés d'après les
registres de l'hôtel-de-ville.

« En décembre 1618, le pain blanc se vendait à Neufchâteau dix sous la livre, et les deux livres de pain bis quatorze
sous (2).

» En juillet 1631, la peste ravagea la ville jusqu'en novembre 1632 (3).

» Le 23 novembre 1631, il y eut ordre du maréchal de
la Force, aux habitans, de raser les fortifications de la ville (4).

» Le 8 avril 1634, ordre du maréchal de la Force d'envoyer
au siège de la Mothe des travailleurs et pionniers, des
chariots, des vivres et fourrages (5).

» Le 10 mai de la même année, ordre du prince de Condé
de démolir jusqu'aux fondements les murailles de la ville

(1) Il se pourrait qu'il y eût encore eu un nouvel incendie plus rapproché
de la date de cette réclamation.

(2) 1er registre, f° 4.

(3) 2e registre, f° 54.

(4) *Ibid.*

(5) *Ibid.*, f° 55.

et du château. Le maire fut chargé de faire les avances des frais, à charge de remboursement par rôle et cotisation (1).

» En août 1641, l'armée du roi commandée par l'évêque d'Auxerre et le comte de Grançey, assiégea Neufchâteau, qui se rendit après brèche faite. La garnison s'était retirée dans le château, puis sur les voûtes de la grande église. L'armée française fit des dégâts immenses dans les grains (2).

» Le 25 avril 1650, une division de l'armée suédoise saisit la *harre* de la ville, composée de 250 bêtes à cornes. On leva une contribution pour les retirer (3).

» Le 10 août, les bourgeois furent obligés de fournir, pour les munitions du château, le blé, le vin, le bois et la chandelle (4).

» Le 8 septembre 1650, Neufchâteau fut pris d'assaut, à minuit, par le comte de Ligniville et livré au pillage. Le château se rendit après huit jours de siége (5).

» L'année suivante et en 1653, on vendit à vil prix les cloches des paroisses, les ornements et l'argenterie pour les besoins les plus pressants (6).

» Le 5 avril 1653, ordre du maréchal de la Ferté aux habitants de raser les fortifications du château et de combler le fossé qui était entre le château et la ville (7).

» Le 11 janvier 1671, ordre du maréchal de Créqui de démolir toutes les tours de la ville (8). »

Cette courte énumération fait voir à combien de reprises la ville de Neufchâteau eut à gémir à cette époque de terribles calamités, et combien ses infortunés habitants durent

---

(1) 1re liasse, p. 8.

(2) *Ibid.*, p. 101.

(3) 2e registre, f° 252.

(4) Ibid.

(5) 2e liasse, pièce 42.

(6) 2e Reg., f° 518 et 3e registre, f° 20.

(7) Ibid.

(8) 4e Registre, f° 77.

être foulés. Aussi, les voyons-nous, comme ceux de la Mothe, chercher un asile dans les villages où ils pouvaient espérer trouver quelque sûreté.

Beaufremont, encore protégé par les tours à demi-ruinées de son vaste château fort, éloigné des villes et des grandes routes, situé à proximité de bois épais où, avec quelques provisions, on pouvait séjourner sans trop avoir à redouter les attaques de l'ennemi, devait être, et fut en effet un de ces villages. Les registres de l'état civil qui y existent à partir de 1650, attestent que plusieurs familles importantes de la Mothe « jadis, » y reçurent une généreuse hospitalité. De ce nombre furent : messires Dominique Tranchot et Pierre Tranchot (adhuc clericus), chanoines de la Mothe ; noble Nicolas de Landrian, écuyer, à qui haute et puissante dame Charlotte-Christine de Madruce donna l'intendance de ses affaires ; Philiberte Tranchot, épouse de ce noble personnage ; honorable homme Nicolas Collin, marchand, et Ignace Collin son fils ; Catherine Demongeot ; Catherine, fille du bourgeois Claude Tassart ; Pierrette Charey, épouse de Claude Regnauld ; Gabrielle Jacquinet, de Soulaucourt, qui le 2 avril 1651, jour des Rameaux, épousa noble Jean-Louis de Thumery, de Chasteau-sur-Moselle : ces époux reçurent la bénédiction nuptiale dans la chapelle du château de Beaufremont en présence de madame de Lenoncourt, de MM. de Roncourt, Germainvilliers et de Thumery, après dispense des trois bancs obtenue de Mgr le grand vicaire.

Ces respectables bourgeois de la Mothe, qui avaient perdu jusqu'à l'espoir de revoir leurs foyers, eurent pour compagnons d'infortune des habitants de Neufchâteau, de Landaville, de Rouvres-la-Chétive, de Morville (1), et bien certainement de plusieurs autres localités encore. Plus de dix actes des

(1) Parmi les personnes réfugiées à Beaufremont, nous pouvons citer, Jean Morel de Landaville : son fils Hubert Morel fut baptisé à Beaufremont le 10 février 1650, par suite de l'absence du curé (absente Domino parocho de Landavilla ob militum periculum) ; en 1651, Mouginot de Neufchâteau :

registres déjà cités, portent en marge le mot *refugié*, preuve sensible de la triste position d'une foule de personnes, de tout âge et de toute condition, qui vinrent planter la tente de l'exil à côté de la demeure et comme sous la protection de la fille compatissante des comtes de Madruce, et mêler leurs chagrins au deuil de l'épouse du brave et infortuné Charles de Lenoncourt.

Ce n'était pas seulement par des marques d'une bienfaisance ordinaire que la noble baronne de Beaufremont, sa famille et les personnes de sa société, témoignaient leur bienveillance aux familles malheureuses qui venaient y solliciter l'hospitalité. Confondant en de mêmes sentiments de charité chrétienne ces victimes des calamités de l'époque et leurs protégés héréditaires, les habitants de leurs domaines, ils portaient souvent la bonté de cœur, comme cela se pratiquait aussi dans la maison de Tornielle, jusqu'à tenir leurs enfants nouveaux-nés sur les fonts de baptême. De tout temps, le parrain et la marraine ont été considérés comme les pères et les mères spirituels de ceux à qui ils donnent un nom et pour lesquels ils se constituent les répondants, les cautions auprès de Dieu et de l'église. Ce généreux patronage, attesté par les registres de Beaufremont, est donc un des plus précieux témoignages de la sollicitude chrétienne et de la popularité des hauts et puissants barons. Insérer ce fait, dans notre modeste travail, c'est rendre à leur mémoire un respectueux hommage dont elle est bien digne.

Nous avons toujours aimé à constater les sentiments religieux dont furent animés les seigneurs de Beaufremont. A ce sujet, nous devons dire que madame de Lenoncourt et sa famille ne se bornèrent pas à patroner les enfants. Sachant bien que la religion ne se prêche avec efficacité que

en 1654, Jean Babel et son épouse Elisabeth Maujean de Neufchâteau; Jean Dumont de Saint-Diez et son épouse de Landaville; la famille Mengin Bertrand de Landaville; Jean Colnot de Rouvres-la-Chétive; François Pierrot et Claude Pierrot son fils de Morville.

par le bon exemple, ils attirèrent les autres dans la bonne voie en y entrant eux-mêmes les premiers. Une pieuse association qui subsiste encore dans la paroisse de Beaufremont, la confrérie du Rosaire, y fut établie, suivant M. le curé actuel, en l'année 1627. La liste des membres de cette confrérie, en 1649, porte en première ligne le nom de *Monseigneur le comte d'Ave, mort le 20 août 16..*, puis celui de *Madame la comtesse, de Madame de Julnoncourt* (1). Environ 80 confrères sont inscrits sur cette liste, on y lit en particulier les noms des familles Bastien, Guyot, Jacquin, Malgras, Vautrin. Le curé d'alors était messire Claude Goncourt qui mourut en 1655.

Quoi de plus touchant, dans ce siècle de malheurs, que le culte de Marie, la consolatrice des affligés ! Aussi les Lorrains invoquaient-ils la Sainte-Vierge comme leur plus puissante protectrice. Il nous semble les entendre, au milieu de la plus grande désolation, lui adresser cette pieuse supplication : « Avec votre assistance regardez-nous, de la famine et de la peste détournez-nous, de l'ennemy défendez-nous, en notre agonie priez pour nous (2). »

En 1650 la dévastation et la misère étaient arrivées à leur comble et surpassaient, dans notre malheureux pays, tout ce qu'il est possible d'imaginer. Pendant cette année de jubilé, des prières s'élevèrent de toutes parts vers Dieu pour lui demander la cessation de la guerre. Dans cette désespérante situation, Jean Midot, chanoine et vicaire général de Toul, dont le siége épiscopal était vacant, crut ne pouvoir présenter un moyen plus efficace pour obtenir la paix (demandée au ciel et à la terre depuis tant d'années et toujours en vain), que d'engager tous les fidèles du diocèse à implorer le secours du bienheureux Saint-Joseph avec celui de la très-Sainte-Vierge son épouse, et à s'associer sous la protection de ce

(1) C'est assurément une dame de Gellenoncourt.
(2) Cette prière est rapportée par M. Noël dans ses mémoires.

saint patriarche (1). Dans une foule de paroisses, on répondit à l'appel du chanoine compatissant.

Beaufremont eut sa confrérie de Saint-Joseph dans le courant de l'année même (2), et en 1664, Gendreville obtenait aussi la reconnaissance épiscopale pour la sienne (3). Dans l'une et l'autre de ces paroisses, la fête de Saint-Joseph a continué à être célébrée avec solennité, et une statuette qui le représente, est encore laissée chaque année, à Beaufremont, aux familles chrétiennes qui en font la demande.

Nous ne terminerons pas cet article sans parler aussi de la confrérie de Saint-Hubert, établie à une date bien postérieure dans l'église de Gendreville, mais dont les statuts furent renouvelés le 4 novembre 1661, et approuvés, en 1662, par Mgr. André du Saussay, alors évêque de Toul. Outre le maintien des sentiments religieux et l'intention spéciale d'obtenir de Dieu la faveur d'être préservé « contre les accidents de l'effroyable rage, » pour lesquels cette confrérie fut instituée, elle avait un autre but très-moral, celui d'entretenir la concorde, la charité et la confraternité entre les habitants de la paroisse Ce but est formellement expliqué par les articles 1er, 2e et 3e des statuts ainsi conçus (4).

« ART. 1er. Tous ceux qui prétendront estre mis au nombre
» des confrères de saint Hubert... debvront estre bien intentiônnés
» de servir Dieu plus parfaitement et pratiquer les œuvres de miséri-
» corde envers les affligés et désolés, en promettant, de leur possible,
» d'apporter soulagement à tous ceux qu'ils recognoistront en quelques
» desroutes d'affliction ou perturbation, suivant la manière des saints
» qui accouroient précipuement où ils remarquoient plus grand
» besoin.

(1) Voir les *Mémoires de l'Académie de Stanislas*, année 1855, p. 427.

(2) Les registres de la paroisse de Beaufremont.

(3) L'approbation de cette association est aux archives de la préfecture des Vosges. Carton G., 56.

(4) Nous devons au digne M. Denys, curé de Gendreville, une copie de ces statuts dont il possède l'original en parchemin.

» Art. 2. D'autant que les commandements divins se doibvent
» inviolablement garder, et que personne ne peut exciper contre
» iceux sans péché, tous confrères s'efforceront de vivre ensemble-
» ment dans une union plus parfaite, fuyant toutes querelles et
» mésintelligences avec qui que ce soit de ses prochains et princi-
» palement avec ceux qui sont de la confrérie.

» Art. 3. S'il arrivoit qu'il y eust querelle, difficulté, procès
» ou cause avecque inimitié entre aucuns de la confrérie, le directeur
» ou procureur d'icelle, avec son assistant, aydés de ceux qu'ils
» recognoistront les mieux sensés de la confrérie, seront tenus
» (en estant avertis) d'y remédier soit par eux-mesmes, soit par
» l'entremise de leurs amys, afin de maintenir les esprits dans la
» paix et union comme véritables confrères.

» Art. 4. Seront admis à laditte confrérie les pauvres comme
» les riches, sans que personne soit tenu de donner autre chose
» pour son entrée qu'à sa dévotion, etc. »

Comme on peut en juger par ces articles dus aux bonnes
inspirations de Jean Guillot, alors curé de Gendreville, la
confrérie de Saint-Hubert fut dans cette localité une véritable
société de prévoyance, de mutuelle édification et de concorde;
elle dut y faire un bien considérable dans un temps où les
liens sociaux, brisés par les pertubations de 30 années de
guerres continuelles, devaient tendre de tous côtés à se rompre.
Les autres articles des statuts, que leur étendue nous empêche
de rapporter, concernent la conduite religieuse des confrères
et le cérémonial à observer pour la célébration de la fête
du patron. Cette confrérie subsiste toujours à Gendreville;
un certain nombre d'étrangers en font même partie, et chaque
année, le 3 novembre, on les voit régulièrement arriver au
village pour assister aux offices qui s'y célèbrent avec une
véritable édification.

En quittant Gendreville pour revenir à Beaufremont, faisons
une petite halte à un ancien ermitage qui exista jusqu'en
1789, sous le bois, à égale distance des deux villages, où
se voit encore le petit oratoire de Saint-Charles dont cet
ermitage portait le nom.

Nous ne connaissons aucun titre, aucune tradition qui puissent nous aider à établir la date' précise de la fondation de l'ermitage de Saint-Charles ; nous pouvons cependant supposer qu'il dut son existence à la vénération de Charles-Emmanuel de Tornielle et de Gabriel-Ferdinand de Madruce pour Saint-Charles Borromée, évêque de Milan, le compatriote de leurs familles et l'ami des cardinaux de Madruce. Dans ce cas, il daterait du commencement du XVIIe siècle et aurait, dès l'origine, servi de retraite à plusieurs ermites. Le prédécesseur du prêtre Jean Guillot, Dieudonné Simon, qui fut pendant « ving-trois ans curé de Gendreville, allait, chaque année, dire la messe, entendre les confessions et administrer la sainte communion au peuple qui venait en dévotion à la chapelle Saint-Charles, le jour de sa fête, 4 novembre, où ledit sieur Simon chantait la messe haute et solennelle, comme dans un lieu *propre* de sa paroisse, et faisait l'offrande pendant ladite messe, laquelle il laissait aux ermites, si bon lui semblait, par charité, et pour quelques services qu'ils lui faisaient à la culture de sa vigne. » (1).

Dans toutes les occasions où il s'agissait de montrer le bon exemple, on était sûr de rencontrer la bonne et vertueuse Charlotte de Madruce. Nous devons donc penser que toutes les fois qu'elle le put, elle se fit un devoir d'accomplir un pèlerinage au modeste sanctuaire élevé à l'ami de sa famille, au saint dont elle portait le nom. Nous avons retrouvé un témoignage certain de ces pieuses visites dans une déposition faite en 1673, par la vieille servante du curé Simon, qui attestait que feue madame de Lenoncourt donna pour offrande, à la messe célébrée à l'une des fêtes du saint prélat, une pièce d'argent que se réserva le respectable prêtre, tout en

---

(1) Archives de la préfecture des Vosges, carton G. 56. Déposition d'un nommé Larcher, sergent en la mairie de Gendreville, en 1673, pour M. le marquis de Lenoncourt. A la même date, les sieurs Jubin et J. Picard étaient greffiers de cette mairie.

abandonnant le reste de l'offrande aux ermites, comme il avait coutume de le faire. Les ermites eurent moins à se louer de la générosité du curé Jean Guillot, car en 1672, il s'éleva, entre eux et lui, de vives discussions pour ces offrandes qu'il voulait s'approprier entièrement. La chapelle Saint-Charles avait alors des messes de fondations dont la trace s'est perdue. Cependant, cet ecclésiastique était loin d'avoir été indifférent à la prospérité du modeste ermitage, ainsi que le prouve la pièce suivante qui n'est pas l'une des moins curieuses parmi celles que nous aurons publiées.

A Monsieur

Monsieur Caillier, prothonotaire du St-Siége apostolique, chantre et chanoine en la cathédrale, vicaire général du diocèse de Toul. (Archives des Vosges, G. 56.)

Supplie humblement M. J. Guillot, prêtre indigne, petit curé de Gendreville ; disant qu'à cause de la pauvreté de prêtres en ce diocèse, et la difficulté que l'on a dans les nécessités de trouver des auxiliaires pour s'acquitter au gré des paroissiens et satisfaire à leur dévotion des services en célébration des messes qu'ils requièrent dans les casualités, ou ils se refroidissent en se plaignant, ou bien cherchant hors ce qu'on ne leur peut accorder dans les temps d'une surcharge, font faire ou dire leurs services et exéques hors ladite paroisse où sont fondés plusieurs services et offices de confréries fort anciens et de peu de rétribution, à quoy nonobstant ledit suppliant s'efforce, autant qu'il lui est possible de satisfaire et avec telle exactitude, que quelqu'un surveillant à son dommage, porte autant qu'il peut rencontrer d'habitants, à faire dire les obsèques et mortuaires ailleurs, pendant que le pasteur ordinaire dit dans le lieu les messes de quatre gros et demy de rétribution ; jaçoit que 3 ou 4 fois l'année, il ayt fait assembler audit lieu autant grand nombre d'ecclésiastiques qu'il peut pour s'acquitter envers les particuliers des services les plus pressants, ce qui va totalement à sa ruine et désavantage. Oultre que ladite paroisse estant d'une assez ample estendue, et les domiciles escartés et éloignés de l'église, au moindre bruit d'Égyptiens ou voleurs qui courent souvent au temps des principales festes, les paroissiens ne pouvant quitter leurs maisons mal fermées, perdent la pluspart la messe, ou à faulte qu'ils n'entendent la cloche qui est fort petite, ou lorsque pour quelques causes urgentes, on dit la messe à voix basse, y arrivent quand c'est fait.

Pour cette cause et autres à suppléer, ledit suppliant vous requiert humblement lui vouloir impartir cette grâce, qu'il puisse biner festes et dimanches dans l'hermitage de St-Charles, basti à un quart de lieue du village et dans le même finage, affin de faire entendre la messe aux enfants que les pères et mères laissent d'ordinaire à la maison, aux hermites dudit hermitage qui le plus souvent viennent à tard, satisfaire à la dévotion des particuliers, recepvoir les casualités sans désertion des services ordinaires, et ce pour le temps et terme d'un an, ainsy que bon semblera à V. R., sy sera bon œuvre et de piété.

Guillot, pbre. indig.

Au-dessous est écrit : Nous avons octroyé et octroyons pour le temps d'une année au suppliant, les fins de la présente requête pourveu que sa paroisse n'en souffre aucun préjudice en son service. Donné à Toul, le 26 janvier 1663.

Caillier, vic. gén.

Maintenant, traversons le petit coteau boisé qui sépare l'ermitage de Saint-Charles de la vallée du Bâni, et après avoir examiné le village de Beaufremont qui s'élève en amphithéâtre au delà de cette vallée, passons devant l'ancienne tuilerie, exploitée alors par Dominique Simonet, puis traversons l'étang et remontons au château.

Quoique nous pussions supposer que Charlotte de Madruce préférait le séjour de ce château à tout autre, elle n'y demeurait cependant pas exclusivement : tout nous porte à croire qu'elle avait aussi un hôtel à Nancy. Elle habitait cette ville en 1669, lorsque le 4e jour de mars, la mort vint l'enlever à l'attachement de ses enfants. Avant d'expirer, elle avait exprimé, comme dernier témoignage de l'affection qu'elle portait à notre village, le désir que son cœur reposât à l'Église de Beaufremont, dans le caveau de ses ancêtres. Cette dernière volonté fut accomplie, et la précieuse relique, renfermée dans une boîte de plomb, fut déposée avec respect, en présence de tous les habitants du lieu et d'une foule d'étrangers, sous les tombes où reposent évidemment encore, confondus ensemble, les restes mortels de quelques membres de l'illustre famille des barons de Beaufremont. Voici comment s'exprime l'acte des registres de la paroisse où est constaté le fait que nous venons de rapporter :

« Le 4ᵉ mars 1669, mourut à Nancy très-vertueuse et
» honorable dame madame la marquise de Lenoncourt, dame
» en partie de ce lieu de Beauffremont, et fut transportée
» et inhumée à Serre, et son cœur fut ycy transporté et
» mis dans le caveau de leur chapelle.

» F. Henri, curé de Boffremont. »

Avec l'épouse de Charles de Lenoncourt, s'éteignait encore une génération des *bons barons :* le nom des Madruce disparaissait. Pour conserver à la postérité la mémoire de ce nom si dignement porté, un jeton fut frappé, en 1650, en l'honneur de la vertueuse dame. Ce jeton est une rareté numismatique ; nous n'en connaissons qu'un seul exemplaire que possède le musée d'Épinal.

Il porte, au droit, un écu écartelé, dont le premier quartier et le quatrième sont eux-mêmes écartelés, au premier, d'argent au chef de gueules, à une bande de sable brochant sur le tout, qui est de Chalant ; au deuxieme, d'or à l'aigle de sable, qui est d'Aost vicomté ; au troisième, de gueules à un pal d'or chargé de trois chevrons de sable, qui est d'Arberg-Valengin ; au quatrième, vairé d'or et de gueules, qui est de Beaufremont.

Le second quartier et le troisième sont : d'argent au chef de gueules, à cinq écussons d'azur posés en croix et chargés de cinq besans d'argent en sautoir, à la bordure de gueules chargée de sept tours ou castilles d'or ouvertes d'azur, qui est de Portugal-Bragance.

Sur le tout, écusson de Madruce, écartelé au premier et au quatrième ; d'argent à trois bandes d'azur, qui est de Madruce ; au deuxième et au troisième, d'argent au chevron de gueules avec bordure engrêlée de sable, qui est de Sparemberg ?

Sur le tout du tout, un autre petit écusson, d'argent à la croix engrêlée de gueules, qui est de Lenoncourt.

Ce bel écu est timbré d'une couronne de comte entre les fleurons de laquelle se lit la date : 1650 ; il est aussi entouré d'un cordon formant entrelacs, marque distinctive des veuves.

Pour légende, autour de l'écu, on lit :

CHARLOTE· MADRVZ· CONT· D'AVE· E^T D'ARB· B· D·

Charlotte Madruce, comtesse d'Ave et d'Arberg, baronne douairière (1).

Au revers, dans le champ, est une colonne brisée dont la base reste debout sur son piédestal. Le tronçon tombé à droite est appuyé contre cette base ; celui de gauche est surmonté d'une couronne fermée. Du haut du ciel partent les rayons d'un soleil obscurci que les nuages empêchent d'arriver jusque sur la colonne.

En dehors du cercle qui entoure le champ, se trouve la devise :

✝ NEC CASUS TOVLIT HONORES.

Bien que cette devise puisse donner lieu à plusieurs conjectures, il est certain qu'elle a surtout rapport aux événements qui avaient tour à tour porté le chagrin et le deuil dans la famille de Charlotte de Madruce, mais qui ne purent jamais la faire dévier de la voie de l'honneur, ni porter atteinte à la réputation qu'elle s'était acquise ou qu'elle tenait de ses ancêtres.

---

(1) Nous ne pouvons assurer que les lettres B. D. signifient positivement : baronne douairière ; nous ne donnons donc ces mots que comme conjecture.

Nous ne pouvons mieux terminer ce que nous avions à dire de l'une des plus dignes chatelaines de Beaufremont, qu'en faisant connaître les personnages honorables que sa présence attirait, de temps à autre, au vieux castel féodal. C'est encore les registres de la paroisse de Beaufremont qui nous fourniront la matière de ces citations.

Outre la famille de l'intendant des affaires de la haute et puissante Dame, Nicolas de Landrian (1), dont le fils, Jean-Baptiste de Landrian, naquit à Beaufremont, et y fut baptisé le 14 avril 1650 (2) ; la noble famille des Tranchot ; noble Jean-Louis de Thumery (3), et les autres réfugiés dont nous avons déjà parlé, nous pouvons encore nommer : noble Louis de Montigny, gentilhomme de monseigneur le marquis de Lenoncourt ; Léger Morel, chanoine de Trognon, Marguerite-Rose de Racécourt, damoiselle à Madame ; damoiselle Marguerite de Pallefroy et son mari, noble François de La Court, mort à Beaufremont le 31 janvier 1655 ; Claude de Hée ; damoiselle Hyacinthe de Postelle ; dame Barbe Thouvenin, mère de noble Jean Perrin, médecin de madame la duchesse d'Orléans ; et Mre Pierre Baussire, procureur au parlement de Metz, qui, le 23 novembre 1653, épousa à Beaufremont damoiselle Marguerite Dyez, fille d'Adam Dyez et de dame Marie Milot de Neufchâteau.

Voici, d'après les mêmes registres, de 1650 à 1662, les noms de quelques officiers et serviteurs de la maison de madame la comtesse d'Ave, d'Arberg et de Chalant, baronne de Beaufremont :

> Claude Goncourt, curé de la paroisse, chapelain de
> Madame ;

(1) N. de Landrian est qualifié juge en la baronnie du Beaufremont en 1659.

(2) Il eut pour parrain noble Jean-Baptiste Collin d'Aingeville et pour marraine Elisabeth-Françoise de Roncourt.

(3) Son fils, Charles-Henri de Thumery, eut pour marraine, le 5 novembre 1656, Charlotte de Madruce qui a signé l'acte.

Mons' Gaspard Burette, receveur ;

François Robert, procureur ;

Jean Marchal, greffier ;

Thiébaut Dargent, sergent (1659) ;

Mougin Malgras, portier du château (1650) ;

Claude Gaudrez,   id.   (après 1650) ;

Jean Vaultrin, cocher, en 1654 ;

Jean Loya, cocher, en 1658 ;

Jean Molard, berger (1) ;

Marguerite-Rose de Racécourt, damoiselle à Madame ;

Charlotte Claudotte, fille de chambre ;

Anne Morel, Anne de Rut et Barbe Husson, domestiques au château pour Madame.

Nous trouvons aussi : Claude, veuve de feu Claude Faubert, Agathe, fille de Jean Ferdinel, et Anne Thierry, veuve de Claude Jacquin, désignées simplement comme habitant le château de Madame.

Les registres où nous avons recueilli ces noms, fournissent encore une indication qui permet au village de Beaufremont de réclamer comme l'un des siens le sculpteur Jean Jacquin, (peut-être *le grand Jacquin*), que Chevrier appelle Nicolas et fait naître à Neufchâteau en 1625 (2). On lit en effet dans ces registres que le 11 février 1650, fut baptisé Claude, puis le dernier février 1653, Gabriel, fils de messire Jean Jacquin, *sculpteur*, et d'Elisabeth Robert sa femme. Ces actes prouvent que cet artiste habitait alors Beaufremont, où étaient aussi plusieurs autres membres de sa famille qui possède encore des descendants à Gendreville.

---

(1) Un fils de ce berger, né en 1657, eut pour parrain messire Henri de Lenoncourt, chevalier de Malte, et pour marraine, Marguerite de Racécourt, ce qui prouve que la famille de nos puissants seigneurs ne dédaignait pas même les personnes des plus humbles conditions.

(2) Les registres de la paroisse Saint-Christophe de Neufchâteau ne mentionnent pas cette naissance, et ceux de la paroisse Saint-Nicolas n'existent plus qu'à partir de 1700. Nous savons cependant qu'un Jean-Claude Jacquin, maître sculpteur, était en 1711, receveur et syndic pour le couvent des Cordeliers de Neufchâteau.

Henri de Lenoncourt, comte de Chalant, seigneur de Serre, etc.
Antoine de Lenoncourt, comte d'Arberg, baron de Beaufremont.
Charlotte-Marguerite de Lenoncourt, abbesse d'Épinal.

De l'union de Charles de Lenoncourt et de Charlotte-Christine-Éléonore de Madruce, naquirent plusieurs enfants : les seuls qui leur survécurent sont : Henri, Antoine et Charlotte-Marguerite.

1°

Henri de Lenoncourt était l'aîné ; il porta les titres de marquis de Lenoncourt et de seigneur de Serres, aussitôt après le décès de son père, arrivé en 1644, si nous en croyons l'article généalogique de sa famille, inséré dans le *Dictionnaire héraldique* de la Chesnaye-des-Bois.

La baronnie de Beaufremont appartenant à sa mère, il n'y eut, jusqu'en 1659, comme son frère et sa sœur, d'autres droits que ceux que voulut bien lui accorder la noble dame. Mais une mère est toujours heureuse d'avoir auprès d'elle ses enfants : nous croyons donc que souvent il quitta les possessions paternelles pour venir habiter le château de Beaufremont. Les registres où se retrouvent les noms des serviteurs de madame la comtesse d'Ave, nous donnent aussi quelques noms des serviteurs de ses fils. Nous avons déjà cité noble Louis de Montigny, gentilhomme de M. le marquis en 1651 ; nous pouvons nommer encore Bonaventure Morisot, son valet de chambre ; Jean Massé, de Rougeville, son domestique, et Ferdinand Poisson, son trompette, qui, le 7 janvier 1657, épousait damoiselle Nicole Pernot, en présence de madame la comtesse et de ses enfants, marquis et comte. Enfin nous retrouvons, le 12 février de la même année, le mariage de Jean Harel, intendant des affaires de M. le comte d'Arberg, avec damoiselle Philiberte Chaffault.

Ces différentes indications prouveraient que toute la famille de Charlotte de Madruce se trouva réunie au château de Beaufremont pour y passer l'hiver de 1657.

Henri de Lenoncourt portait le titre de marquis de Lenoncourt, mais il fut aussi connu sous celui de comte de Chalant qui lui venait de sa mère, et l'ordre de Malte le compte au nombre de ses chevaliers. Tous ces titres pompeux ne purent prolonger sa vie : il mourut dans un âge peu avancé, sans avoir vu une seule année la tranquillité régner dans sa patrie qu'il avait peut-être quittée pour aller chercher, en Savoie, une existence moins agitée et plus heureuse.

Il avait épousé Christine de Senantes, fille et unique héritière du marquis de Senantes (1), gentilhomme français établi en Savoie ; il en eut un fils appelé le comte de Chalant, tué à la bataille de la Marsaille (1693), dans les troupes de Savoie, et une fille mariée au marquis de Palestrin, génois de la maison de Caretto, au service du duc de Savoie. Sa veuve épousa en secondes noces le marquis de Caraglia, piémontais, gouverneur de Nice (2).

Bien que la qualité d'aîné de sa famille ait pu faire considérer Henri de Lenoncourt comme baron de Beaufremont, nous doutons s'il jouit de cette seigneurie qui paraît avoir appartenu, par suite d'arrangements de famille, à son frère Antoine, même avant le décès de leur mère.

2°

Antoine de Lenoncourt, connu d'abord sous le nom de comte d'Arbérg, était frère puîné de Henri de Lenoncourt. Malgré les revers qu'avait fait éprouver à sa famille un dévouement exceptionnel aux intérêts de Charles IV, il s'engagea fort

(1) Le marquis de Senantes possédait en Lorraine les terres de Lignéville et de Vittel, du chef de sa femme ; sa fille en hérita.

(2) *Documents sur l'histoire de Lorraine*, t. IV, p. 68 du *Mémoire sur l'État de la Lorraine à la fin du 17ᵉ siècle.*

jeune au service de ce prince, car il était déjà colonel de cavalerie dans l'armée lorraine en 1656. Nous rapporterons ici, pour preuve de la considération et de la haute estime qu'avait pour lui la famille ducale, une lettre qui lui fut adressée par le prince Ferdinand de Lorraine, fils aîné du duc Nicolas-François ; elle est ainsi conçue :

AU COMTE D'ARBERG.

« Monsieur le comte d'Arberg, ayant à cœur tout à fait
» de voire le sieur de Mitry en possession de la compagnie
» qui est vacante à votre régiment, j'ay bien voulu vous faire
» encore cette seconde lettre pour vous prier que je reçoive
» de vous cette satisfaction comme je la désire ; vous savez
» de quelle manière obligeante je vous l'ay demandée à
» l'armée ; il me seroit fort sensible d'en être refusé, mais
» encore plus si ledit sieur de Mitry vous donnoit du mé-
» contentement, comme je sais que vous l'appréhendez, vous
» asseurant que s'il manque à vous rendre l'obéissance et
» le respect qu'il vous devra, j'en sauray bien faire la jus-
» tice, et prendray un soin tout particulier de vous la rendre,
» soyez en tout entièrement persuadé, et que j'ay tant d'estime
» et de bonne volonté pour votre personne, que vous me
» trouverez toujours aux occasions de vous en donner des
» preuves avec grande sincérité,

» Monsieur le comte d'Arberg,

» Votre très-affectionné amy,

» FERDINAND DE LORRAINE.

» A M. le comte d'Arberg, colonel de cavalerie lorraine.

A Paris, le 3 novembre 1656 (1).

(1) Manuscrit de la bibliothèque d'Epinal n° 155". La copie de cette lettre porte la date du 3 novembre 1658, mais c'est une erreur, car le prince Ferdinand était mort le 1ᵉʳ avril 1658.

A la date où cette lettre fut écrite, le duc Nicolas-François et sa famille s'étaient réfugiés en France avec les troupes lorraines que son frère avait dans les Pays-Bas, lorsqu'en 1653, il fut fait prisonnier par les Espagnols.

Charles IV, ayant recouvré sa liberté en 1661, rentra en possession de la Lorraine qu'il gouverna jusqu'à l'invasion française de 1670. Pendant cette période, Antoine de Lenoncourt fut élevé aux fonctions de conseiller d'État et de grand écuyer. Mais il ne put s'y rendre fort utile à un prince qui n'écouta jamais les conseils de la prudence, pour qui la paix et le repos semblaient un tourment, et qui, par son caractère étrange, fut le fléau de son pays et de sa famille.

Antoine de Lenoncourt est qualifié de comte d'Alberg (*sic*), baron de Pierrefort, Trognon, etc., dans un acte de baptême de la paroisse de Beaufremont, du 26 décembre 1656 (1); dans un autre du 30 mars 1672, qu'il a signé comme parrain, il prend les titres de marquis de Lenoncourt, baron de Beaufremont, de Pierrefort, de Serres, etc. Sa jeune fille, qui fut marraine avec lui, est désignée sous le nom de Marie-Anne-Françoise, marquise de Lenoncourt.

La présence à Beaufremont d'Antoine de Lenoncourt, la qualification de baron du lieu qu'il prend dans ce dernier acte nous font juger qu'après la mort de sa mère, il hérita définitivement de la moitié de notre baronnie que possédait cette dame. Mais il ne devait pas en être longtemps paisible possesseur.

Louis XIV, maître de la Lorraine, ordonna bientôt la démolition de tous les châteaux qui avaient échappé plus

---

(1) En 1650, il y eut à Beaufremont 9 baptêmes et 2 mariages ; en 1651, 10 baptêmes et 4 mariages; en 1652, 10 baptêmes et 1 mariage ; en 1653, 7 baptêmes et 2 mariages; en 1654, 11 baptêmes et 2 mariages ; en 1655, 7 baptêmes et 2 mariages ; en 1656, 13 baptêmes et 1 mariage ; en 1657, 11 baptêmes et 4 mariages; en 1658, 13 baptêmes et 2 mariages ; en 1659, 3 baptêmes et 1 mariage ; en 1660, 13 baptêmes et 7 mariages. Total pour cette période de 11 années, 109 baptêmes et 52 mariages.

ou moins à la main dévastatrice de Richelieu, et nous pensons que celui de Beaufremont, qui s'était un peu relevé de sa première ruine, vit alors combler ses fossés par les débris de ses tours et de son enceinte. On n'en laissa debout que quelques lambeaux, comme pour faire voir à la postérité combien dut être importante autrefois la forteresse des puissants barons de Beaufremont.

Antoine de Lenoncourt ne pouvant plus habiter un château ruiné et désert, dont chaque pierre portait l'empreinte de la dévastation la plus malheureuse, se vit comme forcé de vendre l'héritage pour lequel sa mère et ses ancêtres avaient montré tant de prédilection.

Le 15 juillet 1675, le sieur François d'Alençon, chevalier, lieutenant-général au bailliage de Bar, en fit l'acquisition pour la somme de 93,000 fr. barrois, et cette acquisition fut confirmée par le roi Louis XIV, à Saint-Germain-en-Laye, sous la date du 16 avril 1676 (1).

En quittant le domaine que sa mère affectionnait, Antoine de Lenoncourt se retira dans les possessions qui lui venaient de son père, et qu'il avait peut-être achetées de son frère. Il paraît y avoir vécu éloigné des affaires jusqu'à l'avènement de Léopold au trône de Lorraine, en 1698. Alors, quoique déjà âgé, il eut la satisfaction de se voir appelé à continuer, sous un règne paisible, les fonctions de conseiller d'État et de grand-écuyer que la sagesse du nouveau duc rendaient

---

1) En 1665, le 28 juillet, Claude et Nicolas les Pérut, qualifiés *honnêtes hommes*, prenaient à bail, pour six années, les grosses et menues dîmes dues, sur les finages de Médonville, Serécourt, Sauville, Vittel, Tollaincourt et Val-de-Circourt, aux religieux de Saint-Évre-lès-Toul, moyennant une somme annuelle de 1,400 fr., monnaie de Lorraine. Le bail fut rédigé à Neufchâteau. Un nouveau bail pour Médonville porte la date de 1676, et fut rédigé par Gabriel-Nicolas Robert, tabellion établi en la baronnie de Beaufremont pour Monseigneur le marquis de Lenoncourt, comte d'Arberg, baron de Beaufremont. Cet acte est évidemment l'un des derniers qui furent passés sous le nom et l'autorité d'Antoine de Lenoncourt. (*Archives des Vosges.*)

beaucoup moins ingrates qu'elles ne l'avaient été sous Chales IV.
Ce fut en sa qualité de grand-écuyer et de bailli d'Allemagne
qu'il assista, le 19 avril 1700, aux funérailles du duc Charles V :
il y portait l'épée du souverain hors du fourreau (1).

Ce seigneur mourut le 20 février 1705. Il avait été marié
à Marie-Cécile, comtesse de Moersberg, fille de Jules Nei-
d'hart, comte de Moersberg, chevalier de l'ordre de St-Jacques,
en Espagne, et de Marie-Sidoine, comtesse d'Eggemberg,
sœur du prince de ce nom, de laquelle il eut pour fille unique
Marie-Anne-Françoise, dame de Lenoncourt, de Serres et de
Trognon, morte le 10 juin 1710, gouvernante des enfants
du duc Léopold. Elle avait épousé Denis Sublet, dit le comte
d'Heudicourt, dont le fils aîné fut Joseph-Michel Sublet,
dit le marquis de Lenoncourt, et le puîné, Gœry Sublet,
comte d'Heudicourt, brigadier des armées du roi et maître
de camp de cavalerie, qui, ayant eu Trognon en partage,
en obtint l'érection en marquisat sous le nom d'Heudicourt (2).

- 3°

Charlotte-Marguerite de Lenoncourt, abbesse d'Épinal, doit
être considérée comme l'une des plus pures illustrations de
Beaufremont.

Élue à la première fonction de l'importante abbaye d'Épinal,
dans un temps où cette haute position était devenue plutôt
une charge qu'un honneur, la noble fille de Charlotte de
Madruce s'acquitta de ses devoirs avec une bonté, une fermeté et une dignité qui lui attirèrent l'affection de toutes
ses compagnes et le respect bien marqué de tous les chefs
de troupes qui s'emparèrent successivement d'Épinal pendant
la guerre de trente ans. Bien des fois la population de cette
ville, qui lui était très-attachée, lui dut, dans des circonstances difficiles, des bienfaits dont le récit donnerait l'une

(1) C'était l'une des grandes pièces d'honneur.
(2) *Dictionnaire généalogique de la Chesnaye-des-Bois*, t. 2, p. 400.

24

des plus intéressantes biographies que le chef-lieu des Vosges pût consacrer aux personnages marquants qu'il s'honore d'avoir possédés.

D'après l'inventaire des titres de l'*Insigne chapitre des dames d'Épinal*, ce fut le 14 novembre 1629 qu'eut lieu la nomination de damoiselle Charlotte-Marguerite de Lenoncourt, fille de haut et puissant seigneur messire Charles de Lenoncourt, seigneur dudit lieu, de Serres, etc., et de haute et puissante dame Charlotte-Chrestienne de Madrouche (*sic*), à la prébende vacante, depuis le 22 octobre, par le mariage de dame Claudine de Montrichard, nièce de prébende de dame Jeanne de Lenoncourt, secrète (1). Cette nomination fut faite par ladite dame secrète en présence de vénérandes et révérendes dames, MM^mes Claude de Cussigny, abbesse, Élisabeth de Grammont, dite de Châtillon, Françoise d'Aubonne, Catherine de Livron, Jeanne de Rye, Marguerite de Cléron et Françoise de Senailly, toutes dames apprébendées.

Jusqu'au 22 décembre 1640, Charlotte-Marguerite de Lenoncourt n'eut que la qualité de chanoinesse apprébendée ou de nièce non capitulante (2), évidemment à cause de son trop jeune àge; mais à cette date, elle fut admise au stage pour faire ensuite partie du chapitre. Ce stage, qui devait commencer à Noël et finir à la Saint-Jean, fut interrompu « pour de bonnes raisons ». Le 2 janvier 1642, une délibération prise sur la remontrance de Mme l'abbesse, décida qu'il pourrait être continué et s'achèverait par un temps égal à celui qui restait à faire au moment de l'interruption. Soit que les guerres, la mort de Charles de Lenoncourt, ou tout autre motif, eussent encore mis obstacle à l'accomplissement de cette décision, ce ne fut que le 31 octobre 1645 que la noble stagiaire fut reçue et admise à jouir de tous les honneurs des dames chanoinesses.

Elle était à peine entrée au chapitre quand, le 16 novembre,

(1) Jeanne de Lenoncourt était secrète depuis 1602; elle mourut en 1634.

(2) Non du chapitre.

elle fut élue abbesse de l'insigne communauté, aux lieu et place de feue vénérande et illustre dame Catherine de Livron, dite de Bourbonne, décédée le 25 octobre 1645. L'élection fut faite par vénérandes dames Catherine-Diane de Gournay, doyenne, Yolande de Vasperg, secrète, Marguerite de Cléron, Françoise-Maximiliane de Saint-Morys et Chrestienne de Floranville, toutes dames capitulantes, faisant le chapitre de l'Église séculière et collégiale de Saint-Goëry d'Épinal, dame Françoise de Senailly, absente.

Cette élection fut confirmée par bulles du pape Innocent X, la veille des nones (6 mars) 1646. Le 16 avril suivant, le vicaire-général du diocèse de Toul, en qualité de délégué du Saint-Siége, adressait une commission « au premier prêtre requis, pour mettre ladite dame en possession de l'abbaye, » après qu'elle aurait prêté le serment prescrit par les bulles de confirmation.

Le 5 juin, Charlotte de Lenoncourt prêta le serment exigé, et, le même jour, elle prit possession de l'abbaye par un acte passé devant deux notaires apostoliques « en présence de révérendes dames Catherine-Diane de Gournay, doyenne, Yolande de Vasperg, secrète, Françoise-Maximiliane de Saint-Morys, dames chanoinesses en l'église collégiale de Saint-Goëry, d'Épinal, de nul diocèse et en celuy de Toul, capitulantes ; de dame François-Grâce de Gournay, Louise-Claire de Senailly, Marie-Françoise de Poitiers et Magdelaine d'Autel, apprébendées non toutefois encore du chapitre, les autres dames absentes. »

Comme elle n'avait probablement pas atteint l'âge voulu pour faire profession, le pape Innocent X lui adressa, le 17 février 1647, un bref par lequel il lui accordait encore un an pour remplir cette obligation. Elle s'en acquitta le 16 juin 1648, et accomplit alors toutes les formalités religieuses exigées en semblable circonstance, en présence de l'abbé de Chaumouzey, commissaire délégué à cet effet par la cour de Rome.

Comme on a déjà pu en faire la remarque, en prenant

possession des fonctions d'abbesse du chapitre d'Épinal, Charlotte-Marguerite de Lenoncourt comptait, parmi les dames de cette importante communauté, plusieurs de ses parentes, ou de nobles chanoinesses dont les familles étaient alliées à la sienne. Elle avait aussi l'espoir d'y voir bientôt admettre sa sœur cadette, damoiselle Marie-Chrestienne de Lenoncourt qui, le 12 juin 1633, et lorsqu'elle n'avait encore que trois ans et huit mois, avait été nommée, par révérende dame Jeanne de Lenoncourt secrète, à une prébende vacante à la suite de la démission faite par M. le baron de Scey, au nom de Béatrix-Thérèse de Bauffremont, sa fille âgée de 7 à 8 ans. Mais cet espoir fut de courte durée, car dans le courant de l'année 1646, la jeune Marie vit finir des jours dont elle avait à peine entrevu le printemps.

C'était donc après avoir été éprouvée et mûrie par la double perte d'un père et d'une sœur, et par des revers de fortune, que la nouvelle abbesse d'Épinal fit à Dieu le sacrifice de toutes les jouissances mondaines, pour embrasser définitivement la vie religieuse, et consacrer son existence à la direction et à l'édification de ses compagnes.

Plusieurs titres de l'abbaye (1) attestent que Charlotte de Lenoncourt sut mériter la confiance la plus entière des dames chanoinesses et que, dans bien des circonstances, son autorité s'exerça en faveur de leur association ou des habitants de la ville. Ceux-ci connaissaient tellement sa bienfaisante affabilité, que, dans une foule d'occasions, ils recouraient à sa protection, soit en lui demandant des services qu'elle s'empressait toujours de leur rendre, soit même en sollicitant la faveur qu'elle tînt leurs enfants sur les fonts baptismaux, ce qu'elle faisait souvent (2) et qu'elle accepta aussi, suivant la coutume de sa famille, pour plusieurs enfants de Beaufremont.

Ses visites au château de notre baronnie ne sauraient être

(1) Voir l'inventaire que possède la ville d'Epinal.

(2) Les registres déposés à l'Hôtel-de-Ville contiennent une quantité d'actes où elle est désignée comme marraine.

douteuses ; peut-être y était-elle née ? Il y a quelques années, on y retrouvait une de ses aiguilles à passer, sur laquelle est gravé son nom (1). Dans tous les cas, elle ne pouvait manquer d'y venir voir quelquefois sa mère, la bonne Charlotte de Madruce, ses frères et leur famille à qui elle fut toujours très-attachée.

Parmi les nominations qu'elle fit à des prébendes, suivant les droits qui lui appartenaient, nous citerons en particulier celles de ses jeunes cousines, Marguerite et Magdelaine de Lenoncourt, filles de François de Lenoncourt, marquis de Blainville, et d'Antoinette de Savigny ; puis celles de ses deux petites-nièces, Thérèse-Antoinette-Marie-Joseph d'Heudicourt (11 juin 1679), et Charlotte-Gabrielle-Victorine d'Heudicourt (22 septembre 1685), filles de Denis-François Sublet, marquis d'Heudicourt, et de Marie-Anne-Françoise de Lenoncourt. Ce fut même la première de ces petites-nièces, Mme Thérèse d'Heudicourt, fille d'honneur de S. A. Mme de Lorraine, qu'elle eut, plus tard, pour héritière bénéficiaire (2).

La paroisse d'Épinal doit à Charlotte de Lenoncourt plusieurs institutions pieuses dont elle provoqua ou permit l'établissement. De ce nombre sont la confrérie de Saint-Joseph, érigée en 1652, et celle des âmes du purgatoire (ou des morts) qui date du 7 septembre 1658 (3).

Ce fut elle aussi qui introduisit dans l'abbaye cet espèce d'ordre de chevalerie que portaient les dames, et qui consistait en une médaille faite en forme de croix de Malte, ayant d'un côté l'image de la Sainte-Vierge et de l'autre celle de Saint-Goëry. Le pape confirma cet établissement qui a subsisté jusqu'à la suppression du chapitre, en 1790. La médaille de madame de Mesbourg, dernière chanoinesse décédée à Épinal, est déposée au musée des Vosges.

---

(1) Ce joli petit bijou, en argent, appartient à la famille Laborde.

(2) Acte de vente, par le chapitre, de deux maisons d'Épinal, le 10 février 1708.

(3) Inventaire des titres du chapitre.

Après avoir dignement rempli pendant le long espace de cinquante-trois ans les fonctions d'abbesse du célèbre chapitre, Charlotte-Marguerite de Lenoncourt mourut à Nancy le 24 décembre de l'an 1698.

Dès le lendemain, le duc Léopold écrivait à mesdames les doyenne et dames d'Épinal, une lettre par laquelle « Son Altesse, informée de la perte qu'elles venaient de faire de madame la marquise de Lenoncourt, leur abbesse, demandait à être instruite de leurs usages en pareilles occasions, pour concourir à leurs bonnes intentions. » (1).

De leur côté, mesdames les doyenne, secrète et chanoinesses n'eurent pas plutôt appris la mort de leur vénérable supérieure, qu'elles s'assemblèrent et décidèrent que madame la doyenne se rendrait à Nancy pour s'y réunir aux dames d'Anglure, de Lenoncourt et de Mœrsberg, se présenter à S. A. Royale, l'avertir du décès de madame l'abbesse, et le supplier très-humblement d'accorder au chapitre sa protection (2).

Nous ne doutons pas que le prince, qui savait ce que valent les gens de bien, n'ait témoigné aux nobles dames des regrets sincères sur la mort de leur vertueuse abbesse, et que celles-ci, qui assistèrent à ses funérailles, n'aient montré, par leurs larmes et leurs sentiments, toute la peine qu'elles éprouvaient en se voyant séparées de celle qui, pendant tant d'années, avait été pour elles une seconde mère. Les prières dictées par le cœur et les larmes de la reconnaissance ne sont-elles pas le plus beau tribut que l'on puisse payer à la mémoire des âmes bienfaisantes ?

Pendant que disparaissaient tour à tour les fils et les filles de nos derniers barons d'ancienne chevalerie, qui (on peut maintenant en juger), se montrèrent tous fidèles aux vertus traditionnelles de la famille primitive des Beaufremont dont ils descendaient, nos pères apprenaient à reconnaître l'autorité

(1) *Ibid.*

(2, *Ibid.* Sur la fin du 17ᵉ siècle, l'abbaye d'Épinal valait 5,000 livres de revenus.

des annoblis que l'invasion française leur avait donnés pour
seigneurs.

Malgré l'empressement que mirent ces nouveaux maîtres
à s'approprier les titres de barons et même de comtes de
Beaufremont (quoique la terre de Beaufremont n'ait jamais
été qu'une baronnie), nous doutons fort que leur noblesse, à
peine égale à celle des intendants des illustres familles dont
elles venaient d'acheter l'héritage, les ait fait considérer
autrement que comme de grands et fortunés propriétaires.

Favorisés par l'extrême générosité avec laquelle le duc
Léopold récompensa leurs services dans la magistrature, ils
se trouvèrent bientôt possesseurs de titres pompeux et de
terres productives qui purent même leur faire considérer
la baronnie de Beaufremont comme une propriété de minime
importance ; mais leurs richesses promptement acquises et
leur rapide élévation, ne firent que rendre plus vivaces les
traditions gravées dans le cœur de nos populations.

On a conservé jusqu'à ce jour, dans les villages *de la
baronnie,* la mémoire respectée des Beaufremont, des Chalant,
des Tornielle et des Madruce ; le nom des d'Alençon, dont
nous avons à parler, y reste empreint à la suite d'un acte de
bienfaisance : la fondation de l'école des filles de Beaufremont ;
mais la génération actuelle n'a jamais entendu parler des
opulents Labbé, barons de Beaufremont, comtes de Coussey,
de Vrécourt et de Morvilliers.

Nous ne terminerons pas cette seconde partie de notre
monographie locale sans solliciter l'indulgence des lecteurs
pour les défauts qu'ils rencontreront dans nos recherches
trop souvent infructueuses. Qu'ils nous l'accordent aussi pour
la rédaction : le peu de temps que les devoirs d'une tâche
laborieuse laissent à notre disposition nous servira d'excuse,
nous l'espérons, auprès de ceux qui aiment la concision
et les brillantes qualités du style.